한마디
먼저
건넸을 뿐인데

한마디
먼저
건넸을 뿐인데

아무도 몰라주던 나를 모두가 알아주기 시작했다

이오타 다쓰나리 지음 | 민혜진 옮김

동양북스

일러두기

일본의 지명이나 인명에 대한 예시는 우리나라의 사례로, 일본어 발음을 이용한 언어유희는 국내 독자가 이해하기 쉽도록 재구성하였습니다.

의미 없다고 생각하는 그 한마디가
얼마나 큰 기회로 돌아오는지 알고 있나요?

| 차례 |

1장 | "말은 걸고 싶은데 할 말이 없어…"
첫마디가 어색하고 두려운 사람들의 7가지 특징

2장 | **"어떤 질문을 해야 친해질 수 있을까?"**
선을 지키며 대화를 리드하는 9가지 질문법

3장 "어떻게 말해야 인간관계가 편안해질까?"
섣불리 수습하다 실수하는 9가지 상황별 대처법

4장

"왠지 이 사람 또 만나고 싶다!"
안 되는 일도 되게 하는 사람들의 9가지 말센스

5장 "말이 통하는 사람과 일하고 싶습니다"
똑같이 일해도 더 인정받는 사람들의 **9가지 비법**

'잡담력' 테스트

❶ 처음 만난 사람에게 물어보는 것은?

A : 취미는 뭐예요?

B : 좋아하는 음식은 뭐예요?

❷ 칭찬을 받으면 어떻게 반응하나요?

A : '그렇지 않아요'라고 겸손해한다.

B : '감사합니다'라고 감사 인사를 한다.

❸ 상대방과 취미가 같다면?

A : '저도요!'라고 흥분한다.

B : '그렇군요!'라고 상대방이 말할 수 있게 유도한다.

❹ 오랜만에 만난 지인에게 물어보는 것은?

A : '요즘 어때?'

B : '일은 잘돼?'

❺ 대화를 끝내고 싶을 때는?

A : 좋은 타이밍을 찾는다.

B : '감사합니다'라고 끝맺는다.

❻ 거래처 사람과 좀 더 친해지고 싶을 때는?

A : 술을 마시자고 한다.

B : 점심을 먹자고 한다.

"나의 잡담력은 어느 정도일까?"
당신의 대화 방식을 선택해주세요.

❼ 상사와 단둘이 택시에 탔다면?

A : '어제 말씀하신 안건 말인데요'라고 업무 이야기를 한다.

B : '휴일에는 뭐 하면서 보내세요?'라고 잡담을 한다.

❽ 상대방이 좋아하는 것에 대해 물어볼 때

A : '왜 좋아하세요?'라고 이유를 묻는다.

B : '얼마나 좋아하세요?'라고 정도를 묻는다.

❾ 대화가 막혔을 때 의지하는 것은?

A : 유머 섞인 푸념

B : 시시한 세상 이야기

❿ 대화를 시작할 때 꺼내는 주제는?

A : 어제 본 뉴스 이야기

B : 자신의 에피소드

⓫ 상대방의 회사 이름을 들으면?

A : '제 친구도 거기서 근무해요'라고 이야기를 늘어놓는다.

B : '무슨 일을 하시나요?'라고 파고든다.

⓬ 두 번 이상 만난 상대에게는?

A : 지난번에 서로 무슨 말을 했는지 정확히 기억해둔다.

B : '말했던 거면 미안하다'고 덧붙이면서 같은 이야기를 해도 신경 쓰지 않는다.

**A가
10~12개
라면,**

초보 잡담러

열심히 이야기해도 대화에 활기가 띠지 않아 겉도는 타입. 잡담에 딱 맞는 화제와 기술을 배우고 실천하면 대화가 편해지고 친분을 쌓을 기회도 많아질 거예요.

**A가
6~9개
라면,**

평범 잡담러

친한 사람과는 편하게 이야기할 수 있지만, 처음 만난 사람이나 윗사람과 대화하는 건 서투르기 때문에 무심코 긴장하는 타입. 대화의 테크닉을 조금만 익히면 인간관계 스트레스가 확 줄어들 것입니다.

A가 2~5개 라면,

센스 잡담러

어떤 사람과도 스트레스 없이 잡담할 수 있는 타입. 자리의 분위기를 띄우는 테크닉이나 상대방의 영역으로 뛰어드는 법을 조금 더 익히면 프로 잡담러가 될 것입니다.

A가 0~1개 라면,

프로 잡담러

어떤 상황에서도 대화를 컨트롤하며, 대화를 통해 인간관계를 착실히 쌓는 타입. 당신은 사람도 일도 돈도 곤란할 게 없는 사람이지만, 이 책을 통해 평소 자신의 대화법이 어땠는지 되짚어보며 잡담의 기술을 정리해보세요.

말 한마디로
뜻밖의 기회를 잡는 사람들의 비밀

엘리베이터에서 상사를 마주쳤을 때, 모임에 처음 만나는 사람이 있을 때, 어색한 사람과 단둘이 있을 때. 당신은 먼저 말을 건네는 유형인가요? 아니면 먼저 말을 걸어주길 기다리는 유형인가요? 사람들은 보통 잡담이 필요한 상황이 찾아올 때 다음과 같이 생각합니다.

- 무슨 이야기를 해야 할지 모르겠다.
- 침묵이 어색하다.
- 대화가 재미없고 잘 지속되지 않는다.

- 처음 만나는 사람 앞에서는 더욱 긴장한다.

　설령 이야기를 잘했더라도 잡담을 할 때마다 아래와 같이 피로감을 느끼지 않나요?

- 쓸데없는 대화만 주고받아서 따분하다.
- 언제 끝내야 할지 모르겠다.
- 리액션에 신경을 써야 하므로 피곤하다.
- 잡담을 나눠봤자 관계가 더 진전되지 않는다.

　상대가 아는 사람이거나 친한 사람이라면 상관없습니다. 대화를 하다가 잠깐 침묵하더라도 신경 쓰지 않죠. 시간이 가는 줄도 모를 겁니다. 이처럼 친하고 편한 상대와 나누는 대화는 앞으로 소개할 '잡담'과 다릅니다. 우리는 다음과 같이 친한 상대가 아닌 처음 보는 사람이나 어색한 사람과 대화를 해야 할 때 어떻게 말을 건넬지, 어떤 말을 해야 할지 알아볼 것입니다.

- 처음 만나는 사람에게 자신을 소개해야 하는 상황.

- 한두 번 만난 사람이 하는 이야기에 맞장구를 쳐야 하는 상황.
- 상대가 상사 혹은 거래처 사람이라 어쭙잖은 이야기를 할 수 없는 상황.
- 시부모님이나 장인·장모님, 친척 어른에게 '하하하' 하고 억지웃음을 계속 짓는 상황.
- 또래 엄마들이 하는 재미없는 이야기를 계속 들어야 하는 상황.

당신이 이런 상황 속에 있다면 어떨까요? 아이고, 상상하는 것만으로도 지옥이 따로 없네요. 살다 보면 미묘한 관계의 사람과 어쩔 수 없이 이야기해야만 하는 상황이 많습니다. 그런데 많은 사람들이 이런 순간에 '잡담'을 잘하지 못하죠. 잡담에 대해 잘 이해하지 못하고, 의미 없다고 생각하는 그 '한마디'가 얼마나 큰 기회로 돌아오는지 모르기 때문이죠.

잡담은 평범한 대화와 완전히 다르다

저는 편집자, 광고 플래너, 심리 상담사로 일했던 경험을 살려 현재는 커뮤니케이션 코치로서 책을 쓰거나 강연을 하고 있습니다. 저에게 사람들은 종종 "잡담하는 게 힘들다", "잡담을 못하는 건 아니지만 그렇다고 잘하는 것도 아니다", "쓸데없는 대화를 해야 할 때마다 스트레스를 받는다"고 토로합니다. 왜 그럴까요? 이유는 간단합니다. 잡담은 평범한 대화와는 완전히 다르기 때문이죠. 그러니까 어려운 게 당연합니다. 대부분의 사람들은 대화라고 하면 이 두 가지 경우 말고는 생각하지 못합니다.

① 친구나 친한 사람과 서로 신경 쓰지 않고 즐겁게 떠드는 대화.

② 업무를 위한 논리 정연한 대화.

하지만 잡담은 친구와 나누는 즐거운 대화도 업무를 위한 대화도 아닌 '제3의 대화'입니다. 이 사실을 간과

하기 때문에 많은 사람들이 잡담을 어려워합니다. 둘 중 한 가지 방식으로 끼워 맞추려고 하니까 대화가 자연스럽지 않고 어색한 겁니다.

잡담이란 '미묘한 관계의 사람과 적당히 이야기하면서 좋은 관계를 만들어가는 매우 섬세한 대화 방식'입니다. 그러나 많은 사람들이 '그냥 적당히 말하면 되는 거지, 무슨 기술이 필요해?'라고 생각합니다. 그러다 보니 당연히 대화가 활기를 띠지 않고 살짝 이야기가 무르익어도 금세 할 말을 잃어 다음 대화로 이어지지 않습니다. 기억하세요. 잡담은 평범한 대화와는 전혀 다른 커뮤니케이션입니다.

잡담에 알맞은 대화 기술

그렇다면 어떻게 하면 좋을까요? 사실 이것도 간단합니다. '잡담에 알맞은 대화 기술'을 배워서 사용하기만 하면 되거든요. 너무나 당연한 거지만 잡담에 알맞은 대화법을 쓰면 잡담을 잘할 수 있습니다. 그러니 잡담을 잘하고 싶다면 '잡담술'을 익히세요.

'음, 그런데 잡담에 알맞은 대화법 같은 게 있긴 한 건가?'
'있으면 좋겠지만 따라 하기 힘든 건 딱 질색이야!'

혹시 이렇게 생각하지는 않나요? 그렇다면 걱정하지 마세요. 잡담에 알맞은 대화법은 확실히 있고, 그것은 아주 쉬우니까요.

이 책에 정리한 몇 가지 간단한 대화법을 실천하면 누구나 잡담을 잘할 수 있습니다. 잘못된 잡담의 예를 피하고, 올바른 잡담의 예를 그대로 따라 하면 어색한 사람과도, 소중한 사람과도 수월하게 대화할 수 있습니다. 예를 들어,

- 날씨나 어제 본 뉴스에 대해 말하지 마라.
- '요즘 어때?'라고 묻지 마라.
- 공통 화제를 찾으려고 노력하지 마라.

등등 예상 밖의 내용이 연달아 튀어나올 수도 있지만

놀라지 말고 읽어주시길 바랍니다. 이 책을 다 읽었을 때에는 당신의 잡담력이 월등하게 향상되어 있을 겁니다. 이 책을 읽는 것만으로도 잡담을 아주 잘하게 되는 거죠. 그러면 다음과 같은 결과를 얻을 수 있습니다.

- 인간관계에 대한 스트레스가 줄어든다.
- 사람들과 편하게 이야기를 이어나갈 수 있고, 쉽게 친해질 수 있다.
- 중요한 거래처 사람들에게 신뢰를 얻을 수 있다.
- 다양한 기회가 찾아온다.

게다가 잡담력은 습득하기만 하면 평생 갑니다. 앞으로 당신은 잡담이 필요한 상황에 마주할 때, 더 이상 당황하지 않을 것입니다. 적절한 한마디로 누구에게나 편하게 말을 건넬 수 있고, 호감을 얻을 수도 있습니다.

오래 기다리셨습니다. 지금까지 밝혀지지 않았던 '잡담'의 정체, 잡담을 할 때 꺼내면 안 되는 말과 꺼내야만 하는 말, 잡담을 잘하는 사람과 못하는 사람의 결정적인 차이에 대해 알아보겠습니다.

한마디가 부족해서, 한마디를 잘못해서 기회를 놓치고 있는 당신. 자, 이제부터 잡담의 기술을 배워볼까요?

1장

"말은 걸고 싶은데
할 말이 없어…"

첫마디가 어색하고 두려운 사람들의
7가지 특징

특징 1
재미있는 사람이 되려고 한다

"
일단
대화가
안 끊기게
해요.
"

"
상대가
지루하지
않도록
노력해요.
"

잡담의 목적은 재미가 아니다.

잡담의 목적을 착각하는 당신

대화를 하다 보면 이런 생각을 한 번쯤은 하셨을 겁니다.

- 잡담할 때 무슨 말을 해야 할지 도무지 모르겠다.
- 분위기를 띄우려고 열심히 이야기하지만 솔직히 힘들다.

하지만 여러분이 착각하는 것이 있습니다. 바로 잡담할 때 분위기를 띄우기 위해 '재밌는 이야기'를 해야 한다고 생각하는 거죠. 거두절미하고 잡담의 목적은 '인간관계를 구축'하는 겁니다.

처음 만나는 상대에게 먼저 대화를 시도하거나 두세 번 정도 만난 사람과 친해지기 위해 한 발짝 다가가는 일, 상사와 택시 안에서 주고받는 잡담, 거래처 사람과 본격적으로 거래 이야기를 꺼내기 전에 하는 아이스 브레이킹(ice breaking, 새로운 사람을 만났을 때에 어색한 분위기를 깨뜨리기 위해 하는 활동 및 대화-옮긴이), 시부모님 또는 장인·장모님과 오랜만에 나누는 대화, 자녀 친구의 엄마와 나누는 어정쩡한 수다.

상황마다 다르겠지만 결국 잡담의 목적은 서로에게 경계심을 풀고, 친밀한 관계로 발전하는 것입니다.

"오늘 처음 본 상대와 시시한 이야기를 나눴는데 갑자기 친해져서 앞으로 서로 이런저런 도움을 주고받기로 했어요."

"융통성 없는 거래처 사람이랑 오랫동안 인생에 대해 이야기했는데 그러는 사이에 거래가 성사됐어요."

이러한 성공적인 사례들은 말을 주고받으면서 상대방과 관계가 좋아졌기 때문에 이루어질 수 있었습니다. 사람과 사람은 '잡담'을 하는 것만으로 사이가 좋아집니다. 대화의 내용이 재미있지 않아도 말이죠.

그렇기 때문에 억지로 재미있는 이야기를 할 필요는 없습니다. '재미'가 없어도 괜찮습니다. 꼭 '결론'이 없어도 좋습니다. 오히려 결론부터 말하거나 숫자나 데이터를 이용해 논리적으로 이야기하면 잡담은 순식간에 끝나버립니다. 그리고 잡담이 끝나면 그대로 관계도 진전되지 않죠.

잡담의 '내용'과 '재미'에 부담 갖지 마라

인간은 로봇이 아닙니다. 그렇기 때문에 재미없는 이야기에도 미소를 짓고, 결론이 나지 않는 주제일지라도 계속 이야기합니다. 이로써 서로 대화를 나누고 있다고 실감하고, 관계가 깊어졌다는 안도감까지 느낄 수 있습니다.

잡담에서 중요한 건 '내용'이 아니라 계속 이어지게 만드는 것입니다. 그러기 위해서는 어떻게 하면 좋을까요? 이 점은 뒤에서 차근차근 알려드리겠습니다. 우선 잡담에 재미있는 이야기나, 결론은 필요 없다는 것만 똑똑히 기억해주세요.

POINT
잡담의 필수 요소는 재미와 결론이 아니다. 어떤 내용이어도 괜찮으니 계속 이어지게 만들어라.

특징 **2**
정보를 주는 사람이 되려고 한다

○

> "
> 감정을
> 주고받아야
> 친해져요.
> "

×

> "
> 유익한
> 사람이
> 되고 싶어요.
> "

 HINT

잡담의 목적은 '관계 맺기'다.

친해지기 어려운 잡담

"다른 업계 종사자들과 교류하는 모임에서 중국 시장에 대한 정보를 교환했어요."

"직장 동료와 식사를 하면서 마케팅 전략을 세웠어요."

잡담을 '정보 교환'이라고 인식하는 사람이 있습니다. 유익한 정보를 주고받는 것이야말로 알찬 잡담이라고 생각하는 거죠. 하지만 이것 또한 바람직하지 않은 잡담입니다.

앞에서 '잡담의 내용은 무엇이든 괜찮다'고 이야기했습니다. 하지만 그중에서도 '친해지기 쉬운 잡담'과 '친해지기 어려운 잡담'이 있습니다. '정보 교환'은 바로 '친해지기 어려운 잡담'의 전형입니다. 예를 들면 잡담 상대와 서로의 취미인 골프에 대해 이야기를 나누고 있는 상황이라고 합시다.

A : 최근에 좋은 골프 드라이버를 샀어요.

B : 어디 거예요?

A : ▲▲이요.

B : 왜 그걸로 샀어요?

A : 볼이 날아가는 느낌이 다르다고 해서요.

B : 그래요? 저도 한번 찾아봐야겠어요.

　이러한 잡담도 있죠. 그러나 이런 대화는 아무리 오랜 시간 이어 간다 해도 좋은 관계를 만들기 어렵습니다. 그에 비해 다음과 같은 잡담은 어떤가요?

A : 최근에 좋은 골프 드라이버를 사서 공을 칠 때 기분이 좋아요.

B : 그 기분 저도 알아요! 클럽이 손에 착 감기는 기분!

A : '이거다!' 싶다가도 금세 아닌 것 같아서 참 난감했거든요.

B : 그래도 그렇게 어려우니까 골프가 재밌는 거 아니겠어요?

A : 그건 그래요. 그래서 그만둘 수가 없다니까요.

　사실 이 대화에서는 엄청난 정보를 찾아볼 수 없습니다. 그런데도 골프에 대한 두 사람의 애정이 여지없이 전해지고, '다음번에 같이 라운드 돌까요?'라는 대화로 발전할 수 있을 것 같죠.

'정보'가 아니라 '마음'을 주고받아라

왜 이 잡담이 '좋은 잡담'일까요? 그 이유는 두 사람이 '정보'가 아니라 '마음'을 주고받고 있기 때문입니다. '기분이 좋다', '착 감긴다', '난감하다', '재밌다', '그만 둘 수가 없다' 등의 표현으로 감정을 서로에게 전달하는 것이 '친해지기 쉬운 잡담'의 철칙입니다.

다시 말하지만 사람에게는 감정이 있습니다. 잡담을 하면서 그 마음을 주고받아야 합니다. 검색만 하면 알 수 있는 뻔한 정보가 아니라 자신만이 느낀 생생한 감정을 공유하면 친밀한 관계를 쌓을 수 있죠. 이건 너무나 당연한 일입니다. '정보'가 아니라 '마음'을 이야기하세요.

POINT

친밀한 관계를 쌓고 싶다면 정보가 아닌 마음을 주고받는 대화를 하라.

특징 **3**
어제 본 뉴스 이야기만 자꾸 한다

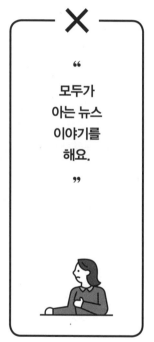

○

"
내가
어제 겪었던
일을
말해요.
"

✕

"
모두가
아는 뉴스
이야기를
해요.
"

 HINT

모두가 안다고 해서 좋은 화제는 아니다.

뉴스에 대해 말하는 순간 대화는 뚝뚝 끊긴다

"오늘 아침 뉴스에서 봤는데요."

"요즘 ▲▲가 유행하는 것 같더라고요."

여러분은 잡담을 하기 위해 그날 뉴스에 보도된 사건이나 이슈를 화제로 삼은 적 없나요? 누구나 알고 있는 소재를 가지고 이야기하고 싶은 건 당연합니다. 하지만 잡담력을 향상하고 싶다면 이 방법은 피하세요.

앞에서 '정보가 아니라 마음을 이야기해야 한다'고 알려드렸습니다. 그런데 요즘 시끌벅적한 시사 이슈나 뉴스거리를 화제로 삼으면 피상적인 대화를 할 수밖에 없고 생생한 감정을 이야기하기가 어렵습니다.

A: 이번 태풍은 심한 것 같아요. 전국에서 피해가 많대요.

B: 그런 것 같더라고요. 정말 큰일이네요.

A: 음, 맞아요. 큰일이에요…….

B: …….

누구나 아는 뉴스에 대해 이야기하는데도 왠지 대화가 활기를 띠지 않습니다. 만약 여기서 '정부 대응에 너무 화나더라고요', '정말 더 이상 피해가 없어야 할 텐데요'라고 받아쳐도 대화는 잘 이어지지 않을 것입니다.

'의성어'를 적극 활용하라

그렇다면 어떤 화제를 골라야 자신의 감정을 잘 전할 수 있을까요? 정답은 바로 '자신이 직접 경험한 에피소드를 이야기한다'입니다.

> A: 이번 태풍은 너무 심한 것 같아요. 윙윙하는 바람 소리 때문에 밤에 잠을 못 잤어요.
>
> B: 아이고, 힘들었겠네요.
>
> A: 튼튼한 집이라 안심하고 지냈는데, 이번만큼은 조마조마하더라고요.
>
> B: 우리도 처음으로 생존 가방을 준비해봤어요. 어제는 정말 불안하더라고요.

이렇게 태풍에 대한 화제를 꺼낼 때, 자신이 실제로 경험한 일을 연관 지어 말하다보면 대화가 훨씬 친근해집니다. '안심했다', '불안했다'고 자신의 감정을 생생히 전할 수 있죠. 그렇습니다. '생생히' 표현하는 게 중요합니다. 따라서 '윙윙', '조마조마' 등 의성어를 사용하는 것도 효과적이죠.

대단한 에피소드나 경험담이 아니어도 좋습니다. 평범한 이야기도 괜찮습니다. '경험한 일'과 '느낀 감정'을 하나로 묶어서 이야기하면 상대방과의 관계는 순식간에 좋아집니다. 어디선가 읽은 듯한 뉴스가 아니라 자신이 직접 경험한 에피소드를 이야기하세요.

POINT

실제로 체험한 일은 감정을 담아 표현하기 쉽다.

특징 4
고민을 말하면 해결해주려고 한다

> ○
>
> "
> 어차피 답은
> 상대에게
> 있어요.
> "

> ✕
>
> "
> 조언이
> 필요한 거
> 아닌가요?
> "

 HINT   상대는 지금 '들어주는 사람'이 필요하다.

의견이 달라도 모르는 척 넘어가라

지금까지 무엇을, 어떻게 이야기해야 하는지 알려드렸다면, 이번에는 '듣는 법'에 대해 알려드리겠습니다.

잡담이란 '관계를 구축하기 위해 서로 노력하는 행위'이기 때문에 능숙하게 자신의 마음을 전하는 것만으로는 관계가 진전되지 않습니다. 상대방의 잡담도 잘 들어야 합니다. 그런데 남의 말을 경청하지 못하는 사람이 더러 있습니다.

어떤 식으로 이야기를 들으면 좋을까요? 우선 지금까지 말씀드린 것을 응용하면 됩니다. 즉 상대에게 '결론이나 재미를 요구하지 말고', '대화를 계속 이어가며', '상대가 마음을 이야기하도록' 유도하는 거죠. 사실 실천하기 꽤 어렵습니다. 예를 들면 이런 잡담은 어떤가요?

A: 요즘 날씨가 쌀쌀해졌네요.

B: 그래도 다음 주는 좀 따뜻한 거 같아요.(①)

A: 아, 그래요……? 아휴, 근데 저는 갑자기 날씨가 추워지는

바람에 감기에 걸렸어요.

B : 손 씻기나 양치질은 잘 하고 있죠? 조심하세요.(②)

이 대화에서 무엇이 잘못되었는지 눈치채셨나요?

① 그럴 의도는 없었지만 상대의 말을 부정한다.

② 자기 딴에는 상대를 위해서 조언한다.

이 두 가지는 잡담에서 피해야 할 잘못된 경청법입니다. 평범한 대화라면 상관없지만 잡담에는 적합하지 않죠. 상대방의 이야기가 조금 잘못됐든, 의견이 다르든 간에 모르는 척 넘어가며 대화를 계속하는 것이 바람직한 잡담법입니다.

긍정적으로 반응해주면 상대는 마음을 연다

A : 요즘 날씨가 쌀쌀해졌네요.

B : 맞아요. 아침저녁으로 너무 추워요.(①)

A : 저는 갑자기 날씨가 추워지는 바람에 감기에 걸렸어요.

B : 아이고, 감기 때문에 고생해서 어떡해요.(②)

A : 정말 죽겠어요. 프레젠테이션 전이라 그런지 신경 쓸 게 많아서 몸이 좀 약해졌나 봐요.(③)

이처럼 상대방의 이야기를 ① 끝까지 긍정하고, ② 어쨌든 공감하면, ③ 상대방이 자신의 마음을 말하기 쉬워집니다. 사람은 계속 긍정해주면 무심결에 자신의 마음을 털어놓기 마련입니다.

지금까지 알려드린 내용을 당신이 아무리 잘 지켜도, 상대방은 제멋대로 이야기할 수 있습니다. 그렇다고 해도 화를 내거나 부정적으로 받아들이지 마세요. 조언하지 말고 그냥 이야기를 들어주세요. 그렇게 하면 상대방도 조금씩 마음을 열기 시작할 겁니다. 상대방의 이야기를 들을 때에는 일단 긍정하고, 공감하세요.

POINT

부정과 조언은 절대 금물! 긍정과 공감으로 상대방이 마음을 열게 하라.

특징 **5**
너무 '열심히' 리액션을 한다

○

"
잘 듣고 있다고
표정으로
말해요.
"

✕

"
한마디도
놓치지 않고
반응해요.
"

 HINT   스스로 피곤해지지 않도록 조절해야 한다.

모든 말에 리액션 하려고 애쓰지 마라

앞에서 상대의 이야기를 듣는 법에 대해 알아봤습니다. 이야기를 공감하며 듣는 것은 매우 중요합니다. 그러나 그렇다고 해서 무조건 남의 이야기를 하나도 빼놓지 않고 경청해야 한다는 말은 아닙니다.

- 이야기를 듣기만 했더니 너무 피곤하다.
- 화제를 꺼내도 상대방은 그다지 흥미를 보이지 않는다.

이런 답답한 기분으로 잡담을 계속해서는 안 됩니다. 잡담이 힘들고 귀찮게 느껴질수록, 상대에게 말을 걸기 싫어집니다. 잡담을 편하게 생각하세요. 잡담은 이야기가 계속되면 뭐든지 괜찮습니다.

'질문하는 힘을 키워서 능숙하게 이야기를 꺼내야지', '하나하나 놓치지 않고 들어야지'라고 생각하지 않아도 괜찮습니다. 남의 이야기를 잘 들어주려고 너무 노력하지 않아도 됩니다. 오히려 그런 배려를 하려고 애쓰다 보면 잡담이 어렵게 느껴질 것입니다. 어차피 잡담이니 편하게 생각하세요.

제스처와 표정이면 충분하다

그렇다면 이야기를 듣는 사람은 아무것도 안 해도 될
까요? 아닙니다. 꼭 말로 대꾸를 하거나, 적절한 질문
을 던지려고 애쓰지 않아도 될 뿐이지 '리액션'은 반드
시 필요합니다. 복잡할 것 없습니다. 그냥 손뼉을 치고,
이야기에 맞게 표정을 바꾸고, 작게 미소 짓는 것만으
로도 상대방에게 '당신의 이야기를 잘 듣고 있다'고 전
할 수 있습니다.

반복해서 말씀드리지만 잡담이란 '마음을 주고받는
행위'이므로, 말로 이러쿵저러쿵하지 않아도 괜찮습니
다. 제스처와 표정으로 마음을 전하는 그 순간에 잡담
은 성립하죠. 그러면 상대방은 안심하고 대화를 계속
할 수 있습니다.

그리고 큰 리액션은 자기 자신에게 암시를 거는 행
위이기도 합니다. 시답잖은 이야기든 종잡을 수 없는

이야기든 간에 크게 리액션을 하면 뇌에서도 '즐겁다'고 착각합니다. 그러면 당신은 잡담하는 게 즐거워질 것이고, 결과적으로 대화도 활기를 띠게 됩니다. 잡담은 어느 한쪽이 상대방을 즐겁게 해주는 일이 아닙니다. 당신이 부담을 느낄 필요는 없습니다. 책임의 절반은 상대방에게 있으니까요!

　피곤하거나 어색하다는 생각이 들지 않도록 질문이나 맞장구는 어느 정도 '대충' 하세요.

POINT

말로 대꾸하려고 애쓰지 말고 가볍게 리액션을 하며 잡담을 즐겨라.

특징 **6**
잡담을 먼저 끝내지 못한다

○

"
잡담은
적당한 때에
끝내요.
"

✕

"
상대가
먼저 끝내길
기다려요.
"

 HINT

잡담은 적당히 끝내는 것이 매너다.

잡담은 그저 잡담에 지나지 않는다

잡담을 나누다 보면 잡담을 끝내야 하는 순간이 옵니다. 예를 들어 다음과 같은 상황입니다.

- 상사와의 잡담을 언제 끝내야 할지 모르겠다.
- 사생활을 파고드는 질문을 받았다.
- 이야기하다 보니 가고 싶지 않은 술자리에 초대되었다.

잡담의 목적은 관계를 구축하는 데 있지만, 여기서 관계란 반드시 깊은 관계를 말하지는 않습니다. 잡담을 나누다가도 어느 정도 거리를 두고 싶은 경우도 있지 않나요?

어떤 말이든 대화가 이어져야 서로 신뢰 관계를 쌓을 수 있습니다. 확실히 잡담은 인간관계의 '출발점'입니다. 하지만 어디까지나 출발점일 뿐이죠. 상대는 그저 잡담을 나누는 정도의 사람입니다. 가족이나 연인이 아니라요. 상사나 거래처 사람도 회의나 업무 이야기처럼 중요한 얘기를 나눌 때 외에는 깊이 사귈 필요가 없습니다.

잡담은 적당히 끝내는 것이 매너

잡담은 그저 잡담에 지나지 않습니다. 상대와 적당한 거리를 유지하기 위해서라도 잡담은 '언젠가 끝내야 하는 것'이라고 염두에 두는 게 중요합니다. 그렇게 하면 당신의 스트레스는 상당히 사라질 겁니다.

잡담을 마무리하는 올바른 방법은 지금까지 배운 것들을 정반대로 적용하는 겁니다. 즉, 되도록 자신의 마음을 털어놓지 않고, 리액션을 억제하고, 이야기를 정리하고, 그 자리를 떠나는 거죠. 예를 들면 다음과 같습니다.

A : 자네 회사, 요즘 힘들다며?

B : 흠, 글쎄요(부정).

A : 아니야? 현장도 사실은 힘들잖아?

B : 그런 얘기는 못 들었네요(자신의 속마음을 말하지 않는다).

A : 사장이랑 부사장 사이가 안 좋은 거 같던데.

B : 모든 회사가 그렇죠. 뭐(이야기를 정리한다).

A : 아, 그거야 그렇지.

B : 그럼 바쁘실 텐데 시간 내주셔서 감사해요! 실례했습니다.

　　이렇게 서서히 잡담을 끝내고 마지막에 감사 인사를
건넨 다음 그 자리를 떠나세요. 이렇게 하면 상대에게
무례한 인상을 주지 않으면서 잡담을 마무리할 수 있
습니다.

POINT

잡담을 잘 끝내는 것도 잡담의 기술이다.

특징 7
내향적인 성격 탓이라고 생각한다

⭕

"
잡담은
'익숙함'의
문제예요.
"

❌

"
성격을
바꿔야
해요.
"

 HINT

잡담도 결국은 '기술'이다.

가벼운 말은 누구나 연습하면 가능하다

밝고 씩씩하며 성격이 외향적이라 타인에게 늘 관심이 많고 활기차게 말하는 사람을 사람들은 '인싸(인사이더 insider라는 뜻으로, 각종 행사나 모임에 적극적으로 참여하면서 사람들과 잘 어울리는 사람을 뜻함-옮긴이)'라고 부릅니다.

그러나 무리해서 인싸가 되려고 할 필요는 없습니다. 사람의 성격은 쉽게 변하지 않기 때문입니다. 억지로 사교적인 성격이 되려고 하지 않아도 테크닉만 익히면 잡담은 잘할 수 있습니다. 낯가림이 심한 '아싸(아웃사이더outsider라는 뜻으로, 집단에 잘 섞이거나 적응하지 못하고 타인과 거의 교류하지 않는 사람을 뜻함-옮긴이)'라고 해도 괜찮습니다.

예를 들어, 엘리베이터에 탔을 때, 함께 탄 사람에게 '몇 층에 가세요?'라고 말을 건네보세요. 이 한마디가 바로 잡담력을 키우는 열쇠입니다. 특별히 그 사람과 친해질 필요는 없습니다. 그저 인사만 하고, 엘리베이터의 층수 버튼을 대신 눌러주기만 하면 되죠. 처음에는 긴장할 수도 있지만, 한동안 계속하다 보면 익숙해집니다. 이것도 하기 어려운 사람은, 편의점이나 음식점에서 '감사합니다'라고 말하는 점원에게 똑같이 '감사합니다'라고 대답하며 가게를 나오세요. 일부러 '잘 먹었습니다, 다음에 또 올게요!'라고 쾌활하게 말할 필요는 없습니다. '감사합니다' 이 한마디면 충분합니다.

그렇게 적당히 소리 내어 말하거나 아무 상관없는 상대에게 별 의미 없는 말을 건네는 사이에 대화를 자연스럽게 계속하는 습관이 몸에 배는 거죠.

성격은 바꾸지 않아도 괜찮다

저도 학창 시절에는 '아싸'였습니다. 무뚝뚝하고 자존심은 강해서 당연히 인기가 없었죠. 어디서나 흔히 볼 수 있는 평범한 청년이었습니다.

음식점에서 아르바이트를 시작했을 때 아무리 노력해도 '어서 오세요'라는 한마디를 하는 것조차 쉽지 않았던 걸 지금도 똑똑히 기억합니다. 당시에는 그런 말을 하는 게 너무나 부끄러웠고, 어떻게 하면 그 상황을 벗어날 수 있을지 도무지 알 수 없었죠.

　친구에게 '말하는 게 익숙해졌다'는 말을 들어도 믿지 않았습니다. 그런데 실제로 사회에 나가 모르는 사람과 만날 기회가 많아지고, 대화에 익숙해지다 보니 그 정도 수준에 이를 수 있다는 걸 깨달았습니다. 커뮤니케이션이란 바로 그런 겁니다. 참고로 그 결과, 성격도 바뀌었느냐 하면 그렇지는 않습니다. 여전히 성격은 내성적이고 혼자서 무언가에 몰두하는 것을 좋아하죠.

　반복해서 말씀드리지만, 성격은 바꾸지 않아도 괜찮습니다. 필요한 것은 '요령'과 '익숙해지는 일'입니다. 잡담하는 '방법'을 마스터하면 누구나 잡담을 잘할 수 있습니다.

POINT

인싸가 될 필요는 없다. 단지 말하는 데 익숙해지면 된다.

| 2장 |

"어떤 질문을 해야
친해질 수 있을까?"

선을 지키며 대화를 리드하는
9가지 질문법

법칙 **1**
대답하기 쉽도록 질문한다

○

"
지난번에
말한 일은
잘돼요?
"

✕

"
요즘
어때요?
"

 HINT   물어보기 쉽다고 대답하기 쉬운 것은 아니다.

애매하게 질문하면 대답이 늦어진다

다양한 책과 이론에서 상대방의 대답이 '네/아니요'로 끝나버리는 닫힌 질문(closed question)은 대화가 확장되기 어렵다고 합니다. 따라서 대화를 펼쳐나가고 싶은 경우에는 '네/아니요'로 대답할 수 없는 열린 질문(opened question)을 던지는 게 좋다고 하죠.

그런데 잡담에서는 예외입니다. 처음부터 열린 질문을 하면 상대방은 어떻게 대답해야 할지 망설이게 됩니다. 할 수 있는 대답이 너무 다양하기 때문이죠. 결국 곧바로 대화가 이어지지 않고, 대화가 활기를 띠지 않는 경우도 있습니다.

예를 들어, 사람들은 '요즘 어때?'라는 질문을 자주 합니다. 질문하는 사람으로서는 편하게 던질 수 있는 질문이기 때문에 다양한 상황에서 이 질문을 하지만, 막상 들어보면 난감해지는 질문입니다.

상사에게 '요즘 어때?'라는 질문을 받고, 업무의 진행 상황을 묻는 건지 업무와는 관계없는 일을 물어보는 건지 아니면 설교하기 전에 떠보려는 건지 헷갈렸던 적이 있을 겁니다. 너무나 폭넓은 질문이기 때문에 대답을 찾느라고 고생합니다. 결과적으로 '뭐 그럭저럭요', '열심히 하고 있어요' 등 애매한 대답을 하게 되죠. 이런 상황은 스포츠 경기에서 눈부시게 활약한 선수의 인터뷰 등에서도 자주 볼 수 있습니다.

3초만에 대답할 수 있는 질문

'요즘 어때?'라는 질문 대신에, 예를 들어 '일은 잘돼?'라고 물어보면 순식간에 대답하기 쉬워집니다.

> "응, 잘돼. 이번에 중요한 프로젝트를 맡았어."
> "일은 잘되는데, 개인적으로는……. 휴, 내 얘기 좀 들어줄래?"

구체적으로 업무에 대해 물어보면 쉽게 대답할 수 있습니다. 게다가 업무 이야기에서 좀 더 이야기하고 싶은 다른 화제로 대화가 펼쳐지는 경우도 자주 있습니다. 잡담을 시작할 때에는 리듬과 템포가 아주 중요합니다. 무심코 습관처럼 애매한 질문을 했다면 곧바로 상대방이 대답하기 쉽도록 말을 덧붙이세요.

"요즘 어때? + 예전에 말했던 프로젝트는 끝났어?"

"주말에는 보통 뭐 해? + 지난 주말에는 뭐 했어?"

"오랜만이다, 잘 지냈어? + 아프거나 하진 않았지?"

당신이 '물어보기 쉬운 질문'이 아니라 '상대방이 대답하기 쉬운 질문'을 하는 것. 명심하길 바랍니다.

POINT

대화 초반의 템포가 중요하다. 물어보기 쉬운 질문이 아니라 대답하기 쉬운 질문을 한다.

법칙 **2**
'취미가 뭐예요?'라고 묻지 않는다

⭕

"
최근에
빠져 있는 게
있나요?
"

❌

"
○○ 씨는
취미가 뭐예요?
"

HINT

단어를 던지기보다 구체적으로 질문한다.

사람들은 예상 외로 '취미'에 대해 할 말이 없다

'취미가 뭐예요?'는 처음 만난 사람들이 대화할 때 빠지지 않는 단골 질문입니다. 상대를 알기 위한 단서가 되기도 하고, 공통 화제를 찾을 수 있을지도 모르죠. 얼핏 잡담에 안성맞춤인 주제처럼 보이지만 사실은 다루기 굉장히 어려운 주제입니다.

취미를 화제 삼아 분위기를 띄우려는 발상 자체는 좋습니다. 그런데 구태여 '취미는 뭐예요?'라고 물으면 상대방은 쓸데없는 고민을 합니다. 어떤 고민이냐고요? '이 사람이 말하는 취미는 어느 수준의 것을 가리키는 걸까?', '취미라고 자신 있게 내세울 만한 건 없는데 어쩌지?' 이런 것들입니다.

하지만 질문하는 법을 조금만 바꾸면 취미에 관한 대화도 부쩍 활기를 띱니다. 제가 추천하는 질문법은 '요즘 빠져 있는 일(물건)이 있나요?'입니다. '취미'라고 하면 그 단어에 사로잡혀 대답하기 어렵지만, '빠져 있는 일'이라고 하면 좋아하는 것이나 궁금한 분야에 대해 쉽게 이야기할 수 있습니다. 질문이 구체적이며 타인의 평가에 신경 쓰지 않아도 되기 때문이죠.

예를 들면, 일 년에 한 번 친구의 권유로 참가하는 등산이나 가끔씩 즐기는 클래식 감상, 골목에 있는 잡화점을 둘러보는 일 등 일상에서 즐기고 있는 일들은 모두 '요즘 빠져 있는 일'에 포함될 수 있습니다.

진짜 취미는 대답하지 않아도 된다

그와 반대로 상대방이 '취미가 뭐예요?'라고 물으면 어떻게 해야 할까요? 처음 만난 사람에게 숨김없이 이야기했다가 상대방이 '아, 좀 특이한 취미네요' 하고 어설픈 리액션을 하면 기분이 확 상하죠.

그런 상황이 걱정되어 진짜 취미를 말하고 싶지 않다면 대답하지 마세요. 사실 상대방이 취미를 묻는 건 정말로 당신의 취미가 궁금해서 물어보는 것이 아닙니다. 상대방은 그렇게까지 깊이 생각해서 질문하는 건 아닙니다. 이런 질문은 대화를 시작하는 계기일 뿐이죠. 그러므로 적당히 대답해도 괜찮습니다. 앞에서 알려드린 것처럼 지금 빠져 있는 일 중에서 하나를 골라 대답해도 되고, 마땅히 생각나지 않을 때는 지난 주말에 했던 일이나 이번 주말에 할 예정인 일에 대해서 이야기해도 상관없습니다.

> "취미까지는 아니지만, 주말에 강변 따라 드라이브를 했어요."
>
> "축구 경기 보는 걸 좋아해요. 다음 주에 보러 가려고요."

이렇게 대답을 하면 '강변', '드라이브', '축구', '스포츠 관람' 등을 화제로 대화를 펼칠 수 있습니다. 이쪽이 전문적인 취미에 대해 이야기하는 것보다 훨씬 더 분위기가 달아오를 겁니다.

잡담을 하면서 받은 질문에는 솔직하게 대답하지 않아도 됩니다. 상대방이 던진 말을 받아넘기며 계속해서 대화를 이어가는 것이 무엇보다 중요합니다.

POINT

상대가 여러 가지 답을 할 수 있는 질문을 해라.

법칙 **3**
공격처럼 느껴지는 단어는 삼간다

○

"
특별한
비결이
있나요?
"

✕

"
유달리
고집하는 게
있나요?
"

 HINT

질문 의도를 오해하지 않도록 질문한다.

부정적인 어감의 단어는 되도록 사용 금물

"특별히 고수하는 게 있나요?"

"어떤 점을 고집하는 거예요?"

상대방이 몰두하고 있는 관심사에 대해 질문하면 대화가 활기를 띱니다. 자신이 관심 있는 분야에 대해서는 열정적으로 말을 하기 때문이죠. 하지만 그런 질문을 할 때, '고집한다'는 표현을 쓰는 건 삼가세요. '고집'은 '취미'와 마찬가지로 다루기 어려운 단어입니다. 어느 정도가 고집스러운지는 사람에 따라 다릅니다.

대부분의 경우, 질문을 받은 쪽은 '고집하는 건 아니지만……'이라고 머뭇거리죠. 심지어 '고집이 강하시네요'라는 말을 들으면 바보 취급을 당하는 것 같다고 말하는 사람도 있습니다.

그렇다면 눈앞에 있는 사람이, 자신이 열중하는 분야에 대해 이야기하고 싶어 하는 경우에는 어떤 질문을 하면 좋을까요?

'고집하는 것'이 아니라 '비결'을 묻는다

여기서도 취미를 물어볼 때와 마찬가지로 구체적인 질
문을 하면 상대방은 대답하기가 쉽습니다.

A : 피부가 엄청 좋으신데, 피부 관리 비결이 따로 있나요?

B : 실은 요즘에 야채 주스에 빠져 있어요.

A : 아, 어떤 거요? 직접 갈아서 만든 주스? 아니면 시중에서
판매하는 제품?

B : 그게 말이죠…….

A : 골프를 20년 동안 치고 계시죠? 그렇게 오랫동안 할 수 있
는 비법 같은 게 있나요?

B : 글쎄요. 특별한 비법은 없지만 클럽만큼은 좋은 걸 쓰려고
하죠.

A : 와, 역시 그렇군요. 사용감이 다른가요?

B : 많이 다르죠. 얼마 전에 산 건 말이죠…….

이렇게 '고집하는 것'이 아니라 '비결'을 물어보는

겁니다. 그와 반대로 '고집하는 게 있나요?'라는 질문을 받았을 때에는 '고집하는 건 아니고……', '딱히 없는데요'라고 말을 끝내려고 하지 않는 게 좋습니다.

상대방은 어떻게든 대화의 실마리를 찾으려고 애쓰는 중일 겁니다. 그 마음을 헤아려 자신이 '평소에 뭘하며 시간을 보내는지', '특별한 습관이 있는지'를 생각해보고, 상대방에게 말해주세요.

① '취미'는 '과거 · 현재 · 미래'로 대답한다(질문한다).
② '고집하는 것'은 '습관'으로 대답한다(질문한다).

이것은 모두 대화를 부드럽게 이어나가기 위한 철칙입니다.

> **POINT**
> '고집하는 것'보다 '특별한 비법'을 물어보는 게 대답하기 쉽다.

법칙 **4**
갑자기 이유를 물어보면 곤란하다

◯

"
어떤
상황이었어요?
"

✕

"
왜
그랬어요?
"

 HINT   이유를 묻지 말고 하고 싶은 말을 하게 한다.

이유를 생각하는 동안 대화의 활기는 식는다

대화를 이어가기 위해 '왜?'라고 이유를 묻는 경우가 있는데, 이것도 잘못된 잡담 중 하나입니다.

> A : 얼마 전에 지하철에서 깜빡 졸다가 종점까지 가버렸어요.
>
> B : 왜 그렇게 졸았어요?
>
> A : 네? 아아, 그게 그러니까…… 좀 과음해서 그랬나 봐요.
>
> B : 술을 왜 그렇게 마셨어요?
>
> A : 아니, 그게 오랜만에 학창 시절 친구를 만나서 저도 모르게 그만…….

질문한 사람에게 악의는 없습니다. 오히려 흥미가 있기 때문에 묻는 거죠. 그런데 질문을 받은 사람으로서는 갑자기 들어오는 질문에 답해야 하기 때문에 스트레스가 쌓입니다. 게다가 번번이 대화가 뚝뚝 끊어져서 정말 하고 싶은 말을 할 수가 없죠. 결과적으로 잡담은 재미가 없어지죠.

이유를 묻는 순간, 사람의 마음은 확 식어버립니다.

'왜 그럴까?' 하고 이유를 생각하느라 머리가 냉정해지기 때문이죠. 따라서 '마음을 주고받는 잡담'에는 아주 부적합한 질문입니다. 예를 들면 대화의 화제가 '편식'이라 '피망은 딱 질색이에요'라고 말했을 때, '왜 싫어하세요?'라고 물어보면 난감하지 않나요?

대부분의 사람은 '딱히 특별한 이유가 있는 건 아니지만……' 하고 머뭇거리면서 열심히 이유를 생각할 겁니다. 이처럼 생각하는 과정이 길어지면 잡담의 활기가 떨어집니다. 생각하면 생각할수록 말수는 줄어들고 그 자리의 분위기는 무거워지니까요.

또 이유를 묻는 행위는 그 자체만으로도 약간은 비판적으로 들리기 때문에 바람직하지 않습니다. 엄마가 장난을 친 아이를 혼낼 때, '도대체 왜 그랬어?!'라고 묻는 것과 같습니다. 질문을 받은 쪽은 '어라? 내가 이유를 설명해야 하는 상황인 건가?'라고 생각하게 되기 때문에 잡담에는 적합하지 않습니다.

'WHY'가 아니라 'HOW'를 묻는다

잡담을 할 때에는 서로 깊이 생각하지 않고 이야기를 계속하게 만드는 것이 중요합니다. 따라서 질문을 한다면 'WHY(왜)'가 아니라 'HOW(어떻게)'에 유념하세요. 예를 들면 '깜빡 졸다가 종점까지 가버렸다'는 말을 들었을 때에는 '한 번도 안 깼어요?', '눈 떴을 때 깜짝 놀랐겠네요?'라고 물어보세요. '피망은 딱 질색이에요'라는 말에는 '얼마나 싫어하세요?'라고 질문하면 '잘게 썰어도 바로 알아챌 정도로 질색이에요', '익힌 건 괜찮은데 샐러드에 들어간 생피망은 못 먹어요' 등 부쩍 대답할 거리가 풍부해집니다.

'왜?'를 연발하는 바람에 분위기가 깨지고 상대방에게는 '귀찮은 사람'이라고 낙인이 찍힐 수 있습니다. 그러므로 이유를 묻는 것은 최소화하세요.

POINT

'WHY'를 물으면 마음을 닫고, 'HOW'를 물으면 마음을 연다.

법칙 **5**
타인이 아닌 서로에 대해 질문한다

> **○**
>
> "
> 혹시
> 카레
> 좋아하세요?
> "

> **✕**
>
> "
> 혹시
> 그분
> 아세요?
> "

 HINT 　　서로의 관계에 도움이 되는 질문을 해야 한다.

공통의 흥미 vs 공통의 지인

처음 만난 사람과 화젯거리를 찾아내려고 서로가 동시에 알고 있는 사람은 없는지 확인하는 경우도 종종 있죠.

A: 어디 사세요?

B: ●●시에 살아요.

A: 아, 정말요? 예전에 친구가 거기 살았어요!

B: 아, 그렇군요…….

A: 음, 그럼 회사는 어디예요?

B: ▲▲에 다녀요.

A: 그러시구나! 대학 시절에 같이 세미나 듣던 선배가 그 회사 영업부에서 일해요. ○○○라는 분인데, 혹시 아세요?

A: 아뇨, 잘 모르겠어요.

B: 회사가 크니까 모를 수도 있겠네요…….

A: 네, 그렇죠…….

이렇게 공통점을 찾으려고 확 덤벼들었다가 헛수고

로 끝나는 경우가 많습니다. 만약 동시에 알고 있는 사람을 찾았다고 해도 상황은 별반 다르지 않습니다.

A : 혹시 대학교 때 럭비부였던 ○○○ 씨 말인가요?

B : 맞아요, 맞아, 그분이에요. 오랜만에 보고 싶네요. 근데 그 선배는 잘 지내죠?

A : 얼마 전에 부장님이 됐어요. 그리고 요 며칠 전에는 아기도 태어났어요.

B : 어머, 그래요? 축하드려야겠네요.

A : 아기가 태어나서 이번에 ●●로 이사도 하셨더라고요.

B : 대단하네요.

　

얼핏 보면 화기애애하게 대화하고 있는 듯싶지만, 어딘가 겉도는 느낌이 들죠. 왜 그럴까요? 그 이유는 두 사람이 계속 타인의 이야기만 하고, 서로의 이야기를 일절 하지 않기 때문입니다. 표면적으로는 분위기가 좋아도, 이것만으로는 좀처럼 관계가 깊어지지 않습니다.

타인의 이야기가 아닌 서로의 이야기를 한다

서로가 알고 있는 지인이라고 해도 결국은 타인입니다. 대화의 물꼬를 트기 위해서라면 좋지만, 적당한 때에 일단락 짓고 서로의 이야기로 화제를 돌려야 합니다. 예를 들면 '럭비부였던 지인' 이야기로 한차례 분위기가 좋아졌으면 '럭비 경기를 보러 가기도 하세요?'라고 스포츠 관람을 화제로 꺼내는 거죠. 최근에 아이가 태어나 ●●로 이사를 했다는 이야기 다음에는 '아, ●●에 유명한 카레 골목이 있는데, 혹시 카레 좋아하세요?'라고 화제를 넓혀보세요.

대화 속에 등장하는 키워드를 힌트 삼아 가능하다면 자신의 이야기, 상대방의 이야기로 넘어가는 것이 올바른 잡담법입니다.

> **POINT**
> 함께 아는 지인 이야기는 관계에 도움이 되지 않는다.

법칙 6
공통점이 없으면 없는 대로 질문한다

◯

"
전
잘 모르는데
어떤 거예요?
"

✕

"
전
잘 모르는데
축구
좋아하세요?
"

 HINT   잘 몰라도 상대가 좋아하는 것에 대해 질문한다.

'공통점'은 그다지 중요하지 않다

A: 축구나 다른 스포츠 경기 자주 보세요?

B: 잘 안 봐요. 아, 이 커피 맛있네요.

A: 제가 커피 맛을 몰라서……. 음, 고향이 어디예요?

B: ●●요.

A: 아, 그래요? 저는 ▲▲예요…….

B: 그러세요?

　잘 모르는 사람과 대화할 때 어떻게든 공통점을 찾으려고 계속해서 서로에게 화제를 제공하지만, 이야기가 뚝뚝 끊겨 어색해지는 경우가 있습니다. 정말이지 지옥 같은 시간이죠. 그러나 사실 잡담에서 '공통점이 있다는 것'은 그다지 중요하지 않습니다.

　예를 들면 상대가 프라모델을 좋아하는 걸 알았다고 합시다. 그런데 당신은 프라모델에 대해서는 전혀 모르죠. 이때 어떤 말을 해야 할지 몰라 당황스럽나요? 하지만 이런 상황이야말로 잡담이 무르익을 수 있는 기회입니다.

A : 사실은 요즘 프라모델에 빠져 있어요…….

B : 그래요? 제가 잘 몰라서 엉뚱한 질문을 하더라도 이해해

주세요. 언제부터 좋아하셨어요?

A : 초등학생 때부터 좋아했어요.

B : 아, 그렇구나! 그럼 지금도 자주 만들어요?

A : 네. 주말에 꼬박 시간을 쓰고 있어요.

B : 와! 시간을 엄청 쓰네요. 그럼 이번 주도 하시겠네요?

A : 그렇죠. 사실은 다음 달에 큰 행사를 앞두고 있어서…….

처음에 '잘 모른다'고 양해를 구한 다음 이런저런 질
문을 던지니 상대가 점점 수다스러워지는 걸 눈치채셨
나요?

'과거', '현재', '미래' 순으로 질문한다

자신이 모르는 것을 배우면서 대화를 펼쳐나가기 쉬운
질문의 시점이 있습니다. 그것은 바로 '과거', '현재',
'미래'에 초점을 맞추는 거죠.

① 과거: "예전부터 좋아했나요?", "언제 시작했나요?"

② 현재: "지금도 자주 만들어요?", "요즘에는 뭐 만드세요?"

③ 미래: "그럼 이번 주도 하시겠네요?", "가장 만들어보고 싶은 건 뭐예요?"

　이렇게 시간의 순서에 따라 질문을 던지면 점점 대화는 활기를 띕니다. 특히 ① 과거는 첫 질문으로 쓰기 쉽습니다. ② 현재에 대해 물으면 서로 마음의 거리가 좁혀지고, ③ 미래의 이야기는 부드럽게 다음 화제로 넘어가는 단계가 되죠. 앞으로는 상대방이 잘 모르는 화제를 꺼내면 난감해하지 말고 좋은 기회라고 생각하세요.

POINT

모르는 것에 대해 질문하라. 그것만으로도 대화가 활기를 띤다.

법칙 **7**

말끝에 '○○ 씨는요?'를 붙인다

○	✕
" 저도 좋아해요! ○○ 씨는요? "	" 저도 좋아해요! 그래서 작년에…. "

 HINT   상대방이 말할 기회를 빼앗지 마라.

말이 끝나면 '○○ 씨는요?'라고 질문한다

A : 야외 페스티벌에 가는 게 취미예요.

B : 정말요? 저도 자주 가요.

A : 아, 그래요? 음, 그러면…….

B : 최근에는 친구랑 재즈 페스티벌에 갔는데, 정말 재밌었어요.

공통의 화제를 찾으면 너무 기뻐서 '저도요!' 하고 흥분해서 무심결에 자신의 이야기를 하고 싶어지죠. 초면이라면 더욱 그렇습니다. 하지만 이러한 대화는 잘못된 잡담이라고 할 수 있습니다. 왜냐하면 결과적으로 상대방이 말할 기회를 빼앗아버렸기 때문이죠.

상대방 입장에서는 자신이 갔던 페스티벌에 대해 이야기하고 싶었을 텐데, 어느새 이야기가 삼천포로 빠져버린 거죠. 누구든지 자신이 잘 아는 화젯거리를 빼앗기면 유쾌하지 않은 법입니다. 그러므로 공통점을 찾았더라도 꾹 참고, 다음과 같이 상대방이 말할 수 있게 유도하세요.

"오, 페스티벌은 언제부터 좋아했어요?"

"페스티벌 좋죠! 확실히 여름에 더 흥이 나죠?"

이것이 올바른 잡담법입니다.

'How about you?(당신은요?)'를 항상 의식한다

그렇다고는 해도 모처럼 공통의 화제를 찾으면 자신의
이야기도 하고 싶어지게 마련입니다. 계속해서 듣기만
하면 '아아, 나도 말하고 싶은데', '나도 재밌는 에피소
드 많은데!' 하고 조바심이 날 겁니다. 이것도 잡담에
적합한 마음가짐이라고는 할 수 없죠.

또한 모르는 척하며 계속 상대방이 말하게 해놓고,
이야기가 다 끝나고 나서 '아니, 사실은 저도 그래요'라
고 고백하면 상대방도 깜짝 놀랄 겁니다. 그러므로 이
런 경우에는 '아, 저도 그래요! + 그래서요?' 하고 공통
점이 있다는 건 표현하되 대화의 주도권은 상대에게
맡기는 것이 좋습니다. 그렇게 하면 상대방도 한차례

자신의 이야기를 하고 나서 '아, 죄송해요. 너무 제 얘기만 했죠? ○○ 씨는 어떤 아티스트를 좋아하세요?'라고 당신에게 말할 기회를 줄 겁니다.

이것은 당신이 먼저 이야기를 늘어놓았을 때도 마찬가지입니다. 하고 싶은 이야기가 끝나면 상대방에게 'How about you(당신은요?)'라고 물어보고, 반드시 서로 번갈아가면서 말해야 합니다.

잡담은 상대와 함께 만들어나가는 겁니다. 한쪽은 계속 말하고, 나머지 한쪽은 계속 듣기만 하는 상황을 만들지 않는 것이 중요합니다.

POINT

상대방의 화제는 상대방의 것이므로 빼앗으면 안 된다.

법칙 8
의견이 아니라 취향을 묻는다

○

"
저는
간장 베이스를
좋아해요.
"

✕

"
에이,
그곳은
별로예요.
"

 HINT　　　　굳이 의견을 묻지도 말하지도 않는다.

취향을 말한다 vs 의견을 말한다

그냥 가볍게 이야기를 나눌 생각이었는데, 어느새 논쟁에 휘말려버린 적 있으시죠?

A : 얼마 전에 ▲▲ 라멘집에 처음으로 가봤어요.

B : 거기 인기는 있는데, 라멘의 맛을 즐기기에는 좀 부족하죠.

A : 그래요? 저는 굉장히 맛있게 먹었는데…….

B : 에이, 역시 라멘 육수는 간장 베이스로 개운하게 맛을 내야죠. 거긴 너무 텁텁해요.

A : 음, 텁텁하다기보다는 진한 맛인 것 같던데요?

B : 아니, 라멘이라고 하면 자고로…….

A : ……(더 이상 말하고 싶지 않다).

'라멘 이야기 같은 건 하지 말았어야 했는데'라고 후회하고 싶어지는 순간이죠. 애초에 당신의 첫마디를 부정하고 라멘에 대해 훈계하는 상대가 잘못한 겁니다. 이 대화에서처럼 자신의 의견을 관철하고, 상대방을 설득하려는 듯한 대화법은 바람직하지 않습니다.

'의견'이 아니라 '취향'을 주고받아라

A : 얼마 전에 ▲▲ 라멘집에 처음으로 가봤어요.

B : 아, 어떠셨어요?

A : 저는 굉장히 맛있게 먹었어요.

B : 진한 육수를 좋아하시나 봐요. 평소에도 자주 드세요?

A : 즐겨 먹지는 않는데 그날따라 엄청 먹고 싶더라고요.

B : 그 기분 알아요. 저는 간장 베이스인 육수를 좋아해요.

A : 아, 그것도 맛있죠.

이렇게 단지 '취향'에 대해 서로 가볍게 말하는 것이 좋습니다. 왜냐하면 이런 이야기에는 정답이 없기 때문이죠. 정답이 없으므로 이야기에 승패가 나지 않습니다. 따라서 분위기도 딱딱해지지 않죠.

좋아하거나 싫어하는 음식에 관한 이야기는 누구나 관심 있는 소재입니다. 그러므로 잡담할 때에 음식 취향에 대해 이야기하는 걸 추천합니다. 누구도 상처받지 않으면서 그 사람의 성향이 드러나기 쉬운 화제이기 때문이죠. 그래서 저도 자주 얘깃거리로 삼고 있습니다. 특히 '저는 당근을 싫어해요', '오이라면 아주 질색이에요'처럼 유치한 편식 이야기를 하다 보면 처음 만나는 상대와도 분위기가 화기애애해집니다.

그런데 이때 앞에서 든 예시처럼 논의나 설교를 하고 싶어 하는 사람이 있습니다. 라멘에 대한 이야기를 하면 '칼로리가 높다'고 주의를 주고, 당근을 못 먹는다고 하면 '편식은 안 좋다'고 잔소리를 하죠. 이렇게 뭐든지 설득이나 설교를 하고 싶어 하는 사람과 마주쳤을 때는 '도망치는 게 장땡'입니다.

"아, 그러네요. 또 하나 배웠습니다."

"참고할게요. 고마워요!"

이렇게 감사의 말을 전한 다음, 그 자리에서 한시라도 빨리 떠나세요.

POINT

'취향'에 대해 이야기하고, '옳고 그름'에 대한 이야기는 하지 않는다.

법칙 **9**
적당히 사적인 질문을 던진다

⭕

"
이름이
멋져요.
누가
지으셨나요?
"

❌

"
헉!
제 친구랑
이름이
같아요.
"

 HINT

모두의 이름에는 역사가 있다.

나 혼자 재미있는 이야기는 금물

처음으로 상대방의 이름을 들었을 때, 그때가 바로 잡담을 늘어놓을 타이밍입니다. 대충 흘려듣지 말고 이야기를 펼쳐보세요.

이때 반사적으로 이름이 같은 지인의 이야기를 하는 건 금물입니다. 당신의 지인을 상대방도 알고 있는 특별한 경우라면 조금 더 이야깃거리가 있지만, 그렇지 않으면 좀처럼 대화가 활기를 띠지 않습니다.

A : 아, 제 지인 중에 이름이 똑같은 사람이 있어요.

B : 그래요? 의외로 흔한 이름이니까요.

A : 학창 시절에 그 친구랑 엄청 친했어요.

B : 그래요? 신기하네요.

더 이상은 할 말이 없어 서로 어찌할 바를 모르죠. 이러한 전개는 피하고 싶을 겁니다. 그러면 어떻게 하는 게 좋을까요?

이름 이야기로 더 가까워지기

이름을 화제 삼아 잡담할 때에는 이름의 유래를 물어
보는 방법을 추천합니다.

> A: 우와, 이름이 정말 예뻐요. 순우리말인가요?
>
> B: 네, 형제들 모두 순우리말 이름이에요.

이런 식으로 이름의 유래를 물어보며 형제 이름에
대한 이야기를 할 수 있고, 그러다 보면 대화가 화기애
애해지기도 합니다. 만약 순우리말 이름이 아닌 평범
한 한자 이름이더라도 포기하는 건 아직 이릅니다. 이
름에 대해서 깊이 파고들어보세요.

> A: 수연 씨 이름에서 '수'는 '빼어날 수(秀)'인가요?
>
> B: 아니요. '순수할 수(粹)'예요. 안 그래도 둘 중에서 고민 많
>   이 하셨다고 하더라고요. 그런데 할머니께서 '순수할 수
>   (粹)'가 좋다 하셨대요.

이름과 관련된 에피소드는 들을수록 심오하고, 그 사람만의 고유한 스토리가 있는 개인적인 화제입니다. 이름의 유래를 이야기하거나 물어봄으로써 자연스레 서로의 마음은 가까워질 수 있습니다.

POINT

이름을 화제로 삼으면 적당히 상대방의 사적인 영역으로 들어갈 수 있다.

| 3장 |

"어떻게 말해야
인간관계가 편안해질까?"

**섣불리 수습하다 실수하는
9가지 상황별 대처법**

상황 **1**
상대의 말에 반론하고 싶을 때

○

"
○○ 씨는
어떻게
생각해요?
"

✕

"
글쎄요.
전 생각이
다른데….
"

 HINT

곤란할 땐 대화의 참여자를 늘려라.

적당히 넘어가기 vs 반론하기

처음 만난 자리에서 쓸데없이 잔소리를 하거나 자신의 의견을 강요하는 사람이 있습니다. 그때는 어떻게 대응하는 게 바람직할까요?

"말대꾸하는 것 같겠지만……."

"그 의견도 일리가 있다고 생각합니다만……."

이렇게 무심코 반론하고 싶겠지만 그런 상황에서는 어떻게든 반론하지 않고 끝내는 것이 좋습니다. 왜냐하면 반론을 하면 이야기가 끝나지 않기 때문입니다. 오히려 상대방의 투쟁심에 불을 붙이는 꼴이 되어 본격적인 싸움으로 번질 수도 있죠. 그제야 귀찮아졌다고 후회해도 소용없습니다. 만약 상대방을 설득했다고 해도, 그것은 그것대로 귀찮습니다. '사람들 앞에서 창피를 줬다'는 이유로 원한을 사고 마니까요. 그러면 어떻게 리액션하는 게 좋을까요?

정답은 '○○ 씨는 어떻게 생각하세요?'라고 타인에

게 말을 걸어, 자신에게 향했던 화살을 돌리는 겁니다. 여럿이 대화하는 경우는 물론이거니와 애초에 단둘이 이야기하는 경우에도, 지나가는 사람을 불러 세우는 등의 방법으로 대화의 참여자를 늘리는 게 효과적입니다.

이렇게 하면 최악의 사태는 피할 수 있습니다. 그러나 한 단계 더 높은 수준을 목표로 한다면 '오늘 감사했습니다'라는 말로 대화를 끝내는 걸 추천합니다.

감사의 말을 들었을 때 기분 나빠하는 사람은 아무도 없죠. 그러므로 분위기 좋게 대화가 끝났다는 걸 상대방에게 알릴 수 있습니다.

'감사합니다'로 강제 종료

'오늘 감사했습니다'라는 말을 들었는데, '그건 그렇고, 내 생각에는 말이야' 하고 이야기를 계속하는 사람은 거의 없습니다. 감사하다는 말은, 대화가 부족하다고 느껴도 거기서 이야기를 멈추게 만드는 마법의 단어이기 때문이죠.

한 쌍으로 묶어서 기억해두면 좋은 말이 '다음번에도 잘 부탁드려요'입니다. 만약 상대방이 꽤나 끈질긴 타입으로 '오늘 감사했습니다'라고 말했는데도 끈덕지게 들러붙는다면 '다음번에도 잘 부탁드려요'라고 다시 한 번 세게 말하세요. 그러면 대화는 끝나게 마련입니다.

이것은 계속 한 사람과 대화하느라 질렸을 때나 아무리 애를 써도 대화가 활기를 띠지 않아 도망치고 싶을 때에도 써먹을 수 있는 테크닉입니다. 그러니 편하게 사용하세요.

POINT

곤란한 대화는 '감사'를 전하며 끝맺는다.

상황 2
조언을 해줄지 말지 고민될 때

○

"
그렇군요.
걱정이겠어요.
"

✕

"
아,
그럴 땐 말이에요.
"

 HINT   복잡한 고민을 이야기할 땐, 공감만 해준다.

그들의 마음속에는 이미 답이 있다

> A : 아이가 학원에 갈 시간이 되면 늘 '화장실 가고 싶다'거나
>
> '오늘은 몸이 좀 안 좋아'라고 말해서 고민이에요.
>
> B : 아, 우리 아이도 다섯 살쯤까지는 그랬는데, 지금은 안 그
>
> 래요. 그다지 진지하게 상대하지 않는 게 좋아요.
>
> A : 아, 음, 그렇긴 하지만…….

잡담에서 조언은 되도록 하지 않는 것이 좋습니다. '좀 골치 아픈 일이 있어서……', '요즘 고민거리가 있는데'처럼 언뜻 보면 상담인 것 같은 대화는 세상에 넘쳐납니다. 그런데 대부분의 경우, 상대방은 그저 이야기를 들어주길 바랄 뿐이죠.

조언을 하고 고민을 해결해버리면 거기서 대화는 끝나고 맙니다. 상대방은 '이것도 얘기하고 싶었고, 저것도 얘기하고 싶었는데' 다 말하지 못해서 스트레스를 받죠. 더구나 조언을 해줘도 '그건 그렇지만' 하고 같은 이야기를 계속하면, 조언한 사람의 입장에서는 '도대체 어쩌라는 거야'라고 생각하며 본인도 스트레스가

쌓이죠. 결국 이야기를 하는 사람도 듣는 사람도 아무런 득을 보지 못하는 것이 조언입니다.

애초에 고민 상담을 요청하는 사람들 대부분은 이미 그 사람의 마음속에 답을 간직하고 있습니다. 만약 상대방이 '상담 좀 해주세요', '조언 부탁드릴게요'라고 직접 말한 경우라도, '굉장히 어려운 문제네요', '진짜 골치 아프겠어요'라고 적어도 세 번 정도는 말을 주고받으면서 일단 말을 들어주는 것이 좋습니다.

공감하는 말투를 만드는 3가지 '~요'

상대방이 푸념이나 고민을 늘어놓으면 그저 공감하고, 기분 좋게 들어주세요.

> A: 아이가 학원에 갈 시간이 되면 늘 '화장실 가고 싶다'거나 '오늘은 몸이 좀 안 좋아'라고 말해서 고민이에요.
>
> B: 어머, 그래요?
>
> A: 가기 싫으면 그냥 싫다고 하지, 정말 난감하다니까요.

B : 그 마음 잘 알아요.

A : 남편은 '어릴 때는 자유롭고 느긋하게 키우고 싶다'고 하는
데, 무슨 그런 태평한 소리만 하는지.

B : 맞아요, 맞아. 남편들은 왜 그럴까요?

아무 말도 안 하겠다고 마음먹고, '그래요?', '그렇겠
네요', '그 마음 알아요'라고 말하세요. 그러면 상대방
은 당신을 '이야기하기 쉬운 사람', '마음이 맞는 사람'
이라고 생각할 겁니다. 그래도 만약 상대방에게 의견
을 말하고 싶다면 아래처럼 질문형으로 말해보세요.
공감과 의견을 함께 전달할 수 있는 방법입니다.

× "내버려둬요."　　○ "내버려두는 게 좋지 않을까요?"

× "잘 못해요."　　○ "잘 못하는데 어쩌죠?"

× "그건 아니죠."　　○ "그건 아니지 않을까요?"

POINT

'저도 잘 알아요', '정말 그렇겠네요', '그래요?'만으
로도 잡담은 성립된다.

상황 3
할 말이 다 떨어졌을 때

○

재미있는
화제를
다시 꺼낸다.

✕

말하고
있던 걸
계속 말한다.

HINT

이야기도 리셋이 필요하다.

눈앞의 화제에 집착하지 마라

어떤 화제든 계속 이야기를 하는 데에는 한계가 있습니다. 그런데 끝까지 그 화제에만 집착하는 것은 바람직하지 않은 잡담입니다.

> A : ······그래서 보드게임은 정말 재미있어요.
>
> B : 그렇구나. 재미있겠네요.
>
> A : 그렇죠?
>
> B : 심오하네요.
>
> A : 알아주셔서 정말 다행이에요.
>
> B : 네, 생각보다 재밌는 것 같아요.
>
> A : 네네, 재밌어요.

더 이상 이야기를 파헤칠 방도가 없다는 것은 서로 잘 알고 있습니다. 그런데 새로운 화제도 생각나지 않습니다. 어쩔 수 없이 눈앞의 화제에만 집착하다가 결국 침묵하고 말죠. 이런 경험은 한 번쯤 해봤을 겁니다. 그렇다면 이때는 어떻게 하면 좋을까요?

이야기는 되돌려도 괜찮고, 반복해도 괜찮다

무리하게 대화를 진행하려고 하거나 확장하려고 하면
자기도 모르게 이런 대화에 빠지기 쉽습니다. 그러나
잡담에 '앞으로 나아가야만 한다'는 규칙 같은 건 없습
니다. 대화가 계속 이어지기만 하면 되므로 때로는 이
야기를 뒤로 돌리는 것도 방법입니다.

> A : ……그래서 보드게임은 정말 재미있어요.
>
> B : 그렇구나. 재미있네요.
>
> A : 그렇죠?
>
> B : 심오하네요.
>
> A : 알아주셔서 정말 다행이에요.
>
> B : 저기, 얘기가 살짝 되돌아가는데요. 좀 전에 말씀하신 보드
> 게임 카페는 아무나 들어갈 수 있는 건가요?
>
> A : 네네, 지금 엄청 생기고 있어요. 노래방이랑 비슷하다고 생
> 각하고 이용하시면 돼요.
>
> B : 아아, 그렇구나. 다음에 한번 가보고 싶네요.
>
> A : 어머, 그럼 저랑 같이 가요!

이렇게 '이야기를 되돌려도 될까요?', '좀 전에 궁금한 게 있었는데요'라고 밝히고, 분위기가 화기애애했던 지점까지 되돌려놓으면 너무나도 당연하지만, 대화는 다시 활기를 띱니다.

카페에서 아주머니들끼리 같은 이야기를 몇 번이나 반복하는 모습을 본 적 있을 겁니다. 그것이야말로 잡담의 극치이죠. 대화의 내용 따위는 아무래도 좋다는 점을 다시 한 번 실감할 수 있습니다. 무작정 대화를 펼쳐나가거나 깊게 파고드는 것이 아니라 때로는 이야기를 되돌리거나 처음부터 다시 시작하는 기술. 이 기술을 기억해두면 안심하고 잡담할 수 있습니다.

POINT

이야기는 되돌려도 된다. 멈추지 않으면 그걸로 괜찮다.

상황 **4**
상대가 했던 말이 기억 안 날 때

○

"
어떤
파트라고
하셨죠?
"

✕

"
디자이너라고
하셨죠?
아, 아니구나!
"

HINT   처음부터 모르는 척하는 게 낫다.

아는 척하기 vs 모르는 척하기

이전에 들었던 이야기를 또다시 같은 상대에게 들었을 때, 아는 척을 하며 대화를 리드하는 것은 바람직하지 않은 잡담입니다.

A : 해외로 여행 가는 게 취미예요.

B : 아, 전에 혼자 여행 다니는 걸 좋아한다고 하셨죠?

A : 아니, 좋아하는 건 아니고……. 지난번에는 우연히 혼자 미국에 갔어요.

B : 그래그래, 미국. 그때 미국에서 야구 봤다고 하셨잖아요?

A : 아, 제가 본 건 미식축구예요.

B : 아, 그렇군요.

상대방의 취미나 취향을 정확히 기억해두는 것도 좋은 대화 테크닉이지만 솔직히 좀 귀찮은 일입니다. 어렴풋한 기억으로 장단을 맞추다 보면 쓸 만한 내용도 없고요. 그것보다는 매번 이야기를 처음 듣는다는 듯한 리액션을 하는 것이 편합니다.

A : 해외로 여행 가는 게 취미예요.

B : 해외여행이라니 좋네요!

A : 작년에는 처음으로 혼자서 미국으로 여행을 갔어요.

B : 아, 그러시구나! 정말 좋았겠네요. 부러워요.

A : 어머, 이 얘기 지난번에도 했나요?

B : 글쎄요? 기억이 잘 안 나네요. 그러니까 얘기해주세요.

A : 그래요? 아니, 그때 미국 여행 갔을 때 있었던 일인데요.

대화하는 도중에 상대방이 '어머, 이 얘기 이미 했나요?' 하고 의문을 품더라도 '들었을 수도 있지만 다시 이야기해주세요'라고 말하세요. 대화를 즐겁게 이어가는 게 중요할 뿐 예전에 했던 이야기인지 아닌지 기억하는 건 그다지 중요하지 않습니다.

어설픈 기억은 오히려 대화를 방해한다

이것은 누군가를 다른 사람에게 소개할 때에도 마찬가지입니다.

A : 이 친구는 ▲▲사에서 근무하는 착실한 친구야.

B : 아, ××사입니다.

A : 어머, 그랬나? 아마도 브랜드 전략을 짠다고 했지?

B : 아뇨, 영업을 담당하고 있습니다.

이렇게 어색해지지 않으려면 어설프게 기억하거나 대화를 리드하지 않는 편이 무난합니다.

A : 이 친구는 모임에서 알게 됐어. 무슨 일을 한다고 했지?

B : ××사에서 영업을 담당하고 있습니다.

간단히 관계성만 언급하고, 자기소개는 자신의 입으로 직접 하게 하세요. 그러는 편이 정확한 정보를 전달할 수 있고, 분위기도 어색해지지 않습니다.

POINT

상대방에 대한 정보는 어설프게 기억해내지 말고 다시 질문해라.

상황 5
선 넘는 질문을 받았을 때

○

"
보통의
경우는
어떻죠?
"

✕

"
네?
무슨
그런 질문을….
"

 HINT

대답하지 않고 일반론으로 바꾼다.

사실대로 성실하게 대답할 필요 없다

"몇 명 정도 사귀어봤어?"

"솔직히 연봉 얼마야?"

"자녀 계획은 어떻게 세우고 있어?"

이렇게 실례되는 질문을 하는 사람이 있습니다. 친구 사이라면 '야, 그런 걸 왜 물어?'라고 대응할 수 있지만, 친척이나 직장 상사 등 신경을 써야 하는 상대라면 그럴 수가 없습니다. 어떻게든 대답을 해야 하죠. 하지만 여기서 사실대로 성실하게 대답하는 것은 바람직하지 않습니다. 대답을 해줄수록 상대방은 계속 무례한 질문을 던질 겁니다.

A: ○명 정도 사귀어봤어요…….

B: 흐음, 그렇구나. 근데 결혼은 안 해? 빨리 하는 게 좋아.

A: 연봉은 ××이에요…….

B: 아, 좀 더 벌 수 있는 일 있지 않아?

A : 자녀 계획은 아직 없어요.

B : 왜?

이렇게 더욱 대답하기 어려운 질문이 이어질 수도 있습니다. 그렇다고 해서 '몇 살처럼 보여요?'라고 질문을 질문으로 되받아치거나 '상상에 맡길게요'라고 애매모호하게 말하면 상대방에 따라서는 난감해하는 경우도 있습니다.

곤란한 질문은 일반론으로 얼버무린다

곤란한 질문을 잘 피하는 방법은 일반론으로 화제를 돌리는 겁니다.

"아, 글쎄요. 제 친구들은 보통 다섯 명 정도 만났더라고요."

"제 나이에는 보통 어느 정도 받죠?"

"보통은 몇 살쯤에 아이를 낳나요?"

이렇게 하면 일단 질문에는 대답하면서도 넌지시 '내 이야기는 하고 싶지 않다'고 어필할 수도 있습니다. '그건 좀 적은 거 같은데, 우리 때는…', '대체로 말이야…', '보통이라고 해도 사람마다 다르니까' 등 상대방이 말꼬리를 잡아서 이야기가 삼천포로 빠지게 하는 거죠.

친해지고 싶은 사람, 대답하고 싶은 질문에는 개인적인 이야기를 하고, 거리를 두고 싶은 사람, 대답하기 힘든 질문에는 일반적인 이야기를 하세요. 이것이 잡담의 철칙입니다.

POINT

거리를 두고 싶은 상대에게는 일반론으로 화제를 돌린다.

상황 **6**

내 이야기가 재미없을 것 같을 때

○

"
재미있는
이야기는
아닌데요.
"

✕

자신감 없이
이야기를
시작한다.

 HINT   무작정 이야기를 시작하면 수습이 어렵다.

미리 재미없다고 선언하기

당신은 그저 두서없이 잡담을 하고 있을 뿐인데, 재미나 타당한 결론을 요구하는 사람도 많습니다. 그들을 상대로 이야기할 때는 좀 더 뛰어난 테크닉이 필요합니다. 자신이 이야기할 차례가 돌아왔고 에피소드는 생각이 났지만 재미는 없을 것 같다면 어떻게 해야 할까요?

재미있게 끝맺을 만한 말이 떠오르지 않으면 좀처럼 이야기를 시작하지 못하죠. 그러나 당신이 머릿속에서 어떻게 이야기를 해야 할지 고민하는 시간이 길어질수록 그 자리의 분위기는 식어갈 겁니다. 그렇다고 무작정 이야기를 시작하면 이어나갈 말이 궁해지죠. 나중에 뭔가 괜찮은 말이 떠오르지 않을까 싶어 이야기를 하지만 결국은 횡설수설할 뿐입니다. 사실 이런 상황은 쉽게 피할 수 있습니다. 이야기를 시작할 때 이렇게 선언하면 됩니다.

"별로 재미있는 얘기는 아니지만, 한번 들어보실래요?"

신기하게도 이렇게 물었을 때, '재미없는 얘기라면 하지 마세요'라고 대답하는 사람은 없습니다. 대부분 '하세요'라고 웃으면서 반겨주고, 설령 재미가 없더라도 '생각보다 재밌네요'라고 친절하게 받아주죠. 미리 재미없다고 선언하면 말을 할 때 부담이 적기 때문에 이야기를 부드럽게 이어나갈 수 있습니다. 게다가 주위 사람들이 이야기를 끝맺을 만한 말을 찾아주기도 하죠.

"정말 재미없는 이야기인데요."

"좀 쓸데없는 얘기인데 들어주실래요?"

이렇게 말을 꺼내는 방법도 같은 효과를 발휘합니다.

'스포일러'로 상대를 안심시킨다

이야기의 결말을 미리 말해버리는 이른바 '스포일러' 화술은 다양한 잡담 상황에서 응용할 수 있습니다. 예를 들면 다음과 같은 식으로 말이죠.

"우리 회사에 실제로 있었던 무서운 얘기를 해도 될까요?"
"우리 강아지가 어제 진짜 귀여운 짓을 했는데요."

상대방 입장에서는 무슨 이야기인지 모르는 상태에서 듣는 것보다 결말을 알 수 있는 것만으로도 마음이 편할 겁니다. 웃어도 되는지, 걱정해야 하는지, 어떻게 흘러갈지 모르는 이야기를 듣는 건 엄청난 스트레스입니다. 어느 정도 마음의 준비를 할 수 있다면 마음에 여유가 생기므로 이야기가 조금 재미없어도 따뜻하게 봐줄 겁니다. 그러한 반면에 '좀 재미있는 얘기가 있는데요', '얼마 전에 배꼽 빠지게 웃긴 일을 겪었는데요'라고 기대를 높이는 말은 피하는 것이 좋습니다.

POINT

어떤 이야기인지 미리 말하면 상대방도 자신도 편안하게 대화할 수 있다.

상황 **7**

지인에 대한 소문을 들을 때

"
아,
그분을
잘 몰라요.
"

"
헉!
전 몰랐는데,
그래서요?
"

 HINT   대화에 참여하기 싫다면 모르는 척 화제를 돌린다.

무심코 동조하다가 말꼬리를 잡힌다

잡담이란 대화를 계속해서 주고받는 일이며, 이야기의 내용이 어떻든 간에 긍정하고, 대화에 참여해야 한다고 말했습니다. 그런데 유일하게 예외인 경우가 있습니다. 바로 소문에 대한 이야기를 하는 경우입니다.

소문에 대해 이야기하는 걸 몹시 좋아하는 사람이 있습니다. 다른 업계 종사자들과 교류하는 모임 또는 직장에서 어떤 사람에 대한 소문을 전해 들었을 때 어떻게 대응할지 망설였던 적 있을 겁니다.

지금까지 알려드린 잡담법에 따르면 이것은 상대방이 자신의 마음을 털어놓는 것이므로 '그렇군요' 하고 동조하면 됩니다. 거기서 말하는 대상이 내가 모르는 사람이나 나와 관계없는 사람이면 그걸로 괜찮습니다. 예를 들어 연예인이라든가 정치인이라면 조금 더 가볍게 이야기를 나눠도 좋습니다. 하지만 그 소문 이야기의 대상이 내가 아는 사람이라면 그럴 수가 없죠. 당신이 무심코 이야기에 동조하면 어디서 말꼬리를 잡힐지 모르고, 당신이 나쁜 소문을 내는 주범이 될 수도 있기 때문입니다.

따라서 아는 사람에 대한 소문을 들을 때에는 되도록 동조하지 말고, 거리를 두는 것이 중요합니다. 지금까지 살펴본 '거리 두기의 기술'로 어떻게든 대화를 피하세요.

어쨌든 부정적인 말은 하지 않는다

이것은 소문 이야기에만 국한되는 것이 아닙니다. '짜증'이 나고, '싫은' 이야기라면 잡담에서는 피하는 것이 좋습니다. 희로애락 같은 자연스러운 감정을 표현하는 것은 좋은 일이지만 악의가 있는 이야기, 부정적인 이야기라면 듣고 있는 사람도 기분이 나빠지게 마련입니다.

> A: 요즘 인기 많은 배우 ○○○ 있잖아요. 뭐가 귀엽다는 건지 모르겠어요!
> B: 아, 저는 팬인데요…….

A : ▲▲이라는 가게, 엄청 맛없지 않아요?

B : 저는 꽤 좋아해서 자주 가는데요…….

　함께 누군가의 험담을 하는 것은 사실 매우 즐거운 일입니다. 그러나 그런 험담은 정말 친한 사람이나 스스럼없는 친구와 하는 것입니다. 상사나 거래처 등 업무 상대에게는 그렇게까지 속마음을 드러내서는 안 됩니다.

　무난한 주제나 독도 약도 안 되는 화제. 그것으로도 충분히 분위기를 띄울 수 있습니다. '험담'이나 '소문 이야기'는 입에 담지 않겠다고 단단히 각오하세요.

POINT

무난한 화제로 분위기 띄우기, 바로 잡담력에 달려 있다.

"
아,
그것 때문에
힘드시구나.
"

"
KPI가
정확히
뭔데요?
"

 HINT

모든 말을 이해할 필요 없다.

누구도 정확한 감상을 바라지 않는다

직장 동료가 '맛있다'고 적극 추천한 레스토랑에 갔는데 그럭저럭 맛은 괜찮지만 엄청 맛있지는 않았다고 합시다. 며칠 후, 회식 자리에서 그 레스토랑이 화제가되었고 사람들이 '어땠냐?'고 감상을 물어본다면 당신은 어떻게 대답할 건가요?

그 자리에서 '그렇게 맛있지는 않던데'라고 솔직하게 말하는 것은 올바른 잡담이 아닙니다. '다른 사람이 가서 실망하면 안 되므로 정확하게 전달해야 한다'는 생각이 들더라도 굳이 그럴 필요는 없습니다. 누구도 그런 정확한 감상을 바라지는 않으니까요.

그때는 '맛있었어요' 하고 장단을 맞춰주세요. 그렇게 하면 당신도 그 자리에 있는 사람들도 잃을 게 없습니다. 사실 음식의 맛은 그날의 컨디션이나 함께 먹은 상대에 따라 인상이 달라질 수 있습니다. 어차피 애매한 것이니 애매한 대로 두는 것이 바람직하죠. 그와 반대로 말을 꺼냈을 때 적당히 대답하고 끝낼 수 없는 것은 화제로 삼지 말아야 합니다. 예를 들면 회사에서의 평가, 아이의 학업 성적 같은 거죠.

예민한 화제, 의견이 극과 극으로 나뉠 수 있는 화제는 잡담에 적합하지 않으므로 피해야 한다는 점을 명심하세요.

'모르는 말'은 뉘앙스로 받아들인다

가끔 잡담하는 자리에서 잘 모르는 말이 난무하는 경우가 있습니다. 예를 들면, 오랜만에 만난 학창 시절 친구와의 술자리에서 아래와 같은 대화가 이어집니다.

> A: 요즘에 부장이 자꾸 KPI를 달성하라고 잔소리를 해대서 힘들어 죽겠어.
>
> B: 너네도 그래? 우리도 대표가 입만 열면 KPI 달성하라고 난리를 피운다니까.

만약 여기서 당신이 'KPI(조직의 목표를 달성하는 데 핵심적으로 관리해야 하는 요소들에 대한 성과 지표)'라는 말의 의미를 몰랐다 하더라도 둥글둥글하게 장단을 맞추는 것이 잡담으로서는 바람직합니다. KPI에 대해 논하는 게 아니라 'KPI에 대한 귀찮은 마음'을 모두와 함께 슬쩍 공유하는 것이 이 잡담의 목적이기 때문입니다.

하지만 이야기가 너무 심각하게 흘러갈 것 같으면 '미안, 아까부터 무슨 말인지 모르고 듣고 있었는데, KPI가 뭐야?'라고 실토하세요. 그러면 그 자리는 웃음바다가 되어 잡담에 어울리는 분위기로 다시 돌아옵니다.

POINT

잡담은 뉘앙스가 중요하다. 세세한 것은 신경 쓰지 마라.

상황 9
숨 막히는 침묵이 찾아왔을 때

◯

천천히
주제와
나를
연결한다.

✕

빨리
다른
주제를
찾는다.

 HINT

피상적인 이야기를 하면 침묵은 반복된다.

자신과 관계있는 주제로 대화를 한다

열심히 말을 해도 대화가 이어지지 않는다면 어떻게 하면 좋을까요? 자꾸만 이야기가 툭 끊겨버리면 어떻게 하는 게 정답일까요?

- 침묵이 싫어서 다양한 화제로 분위기를 띄우려다 보니 너무 지친다.
- 피상적인 대화만 계속하는 게 너무 싫다.

침묵이 싫어서 이런저런 화제를 꺼내지만 모두 헛수고로 끝나 결국 서로 입을 닫아버리는 상황. 이러한 상황은 잡담에서 가장 큰 위기입니다. 대화를 이어가는 것은 중요하지만 이야기가 도중에 끊겨서 당황하더라도 서둘러 다른 화제를 꺼내지 마세요. 어색한 침묵을 피상적인 이야기로 어떻게든 메우려고 하면 진정으로 소통하기 어렵습니다.

그럴 때에는 먼저 대화의 속도를 줄이세요. 침묵을 두려워하지 말고, 천천히 말하고, 목소리 톤도 낮춰서 이야기해보세요. 그런 다음에 다시 한 번 기본으로 돌아가는 거죠. 잡담의 기본이란 바로 자신의 이야기를 하며, 자신의 마음에 대해 말하는 것입니다.

A : 이제 곧 올림픽이 열리네요.

B : 무사히 개최될까요?

A : 글쎄요. 게다가 세금도 올라서 먹고살기가 빠듯하네요.

B : 맞아요…….

A : ……(대화가 중단됐다).

B : ……(침묵이 괴롭다).

A : 음, 사실 어제 제가 키우는 강아지가 아팠어요.

B : 아, 강아지 키우세요?

A : 네, 꽤 나이가 많아요.

B : 그래도 부럽네요. 저도 사실 키우고 싶거든요.

뉴스나 시사 이야기는 자신들에게 관계없는 동떨어진 이야기이기 때문에 할 말이 없는 겁니다. 그래서 이야기꽃을 피우지 못하고, 침묵이 계속되죠. 그와 반대로 자신들에게 관련된 화제라면 대화는 쉽게 활기를 띕니다. 자신이 직접 경험하거나 느낀 일이라면 이야기가 끊이지 않죠.

침묵이 찾아오면 자신의 일상적인 에피소드를 화제삼아 대화를 시도해보세요. 이것이 잡담의 위기에서 벗어나는 중요한 방법입니다.

POINT

침묵은 동떨어진 이야기를 하고 있다는 신호이므로, 자신과 관계있는 화제로 되돌려야 한다.

| 4장 |

"왠지 이 사람
또 만나고 싶다!"

**안 되는 일도 되게 하는 사람들의
9가지 말센스**

센스 **1**
상대가 혼자 말하게 두지 않는다

○

잠깐
말하고
다시
바통을 넘긴다.

✕

계속
질문해서
상대가
말하게 한다.

 HINT

듣고 있기만 하면 상대는 불안해한다.

살짝 말한 후 상대방에게 바통을 넘겨라

잡담은 기본적으로 상대방이 기분 좋게 더 많이 이야기할 수 있도록 도와야 합니다. 하지만 무조건 상대방이 말하게 하는 것도 한계가 있죠.

자신의 이야기는 하지 않고, 오로지 질문만 하면 상대방은 불안해합니다. '나만 얘기해서 좀 거북하다', '왠지 속마음을 떠보는 것 같다'고 생각할 수도 있습니다. 흥미를 갖고 상대방의 이야기를 듣다 보면 무심코 자신의 이야기도 흘러나오는 법이죠. 그러므로 적당히 자신을 드러내는 것이 자연스럽고 좋습니다. '아, 나 듣고만 있네' 하고 깨달았다면 살짝 자신의 이야기를 하고, 바로 상대방에게 대화의 바통을 돌려주세요.

> A : 가평에 좋은 캠핑장이 있어요.
>
> B : 가평은 참 멋지죠(공감). 저는 드라이브만 하러 가봤는데(자신을 드러낸다), 캠핑도 재밌을 것 같네요(상대방에게 화제를 돌린다). 캠핑은 예전부터 자주 가셨어요?
>
> A : 네, 처음 간 건 아마 재작년 이맘때일 거예요.

상대방의 입에서 '가평'이라는 키워드가 나왔을 때, '가평'으로 드라이브 갔던 경험을 떠올리고, 그것을 상대방에게 전합니다. 다만 그대로 자신의 이야기를 계속하는 것이 아니라 '캠핑도 재밌을 것 같다'고 상대방의 화제로 돌아가세요. 잡담에서는 이처럼 균형을 유지하는 게 중요합니다. 그 외에도 다음과 같은 표현을 쓸 수 있습니다.

"저도 자주 ~하는데요(자기를 드러낸다). 그런 적 없으세요(상대방에게 화제를 돌린다)?"
"저는 요즘 ~이라는 생각이 들어요(자기를 드러낸다). 그렇게 생각하지 않으세요(상대방에게 화제를 돌린다)?"

'정말 재밌었어요'로 쿨다운

때로는 상대방이 신이 나서 당신을 신경 쓰지 않고 마구 떠들 수도 있습니다. 상대방이 좀처럼 대화의 바통을 넘겨주지 않고 계속 혼자 말을 해서 지친다면 어떻게 할까요? 이런 상황에서 벗어나기 위해서 익혀두면 좋은 것이 '쿨다운(cool down)'입니다.

> A: 아이고, 얘기가 재밌어서 시간이 훌쩍 지났네요.
>
> B: 저도 정말 즐겁고 재밌었어요.

쿨다운이란 이렇게 지금까지 했던 대화를 긍정적으로 돌아보는 일입니다. 그러면 자신의 이야기만 하던 상대방도 정신을 차리고, 당신에게 대화의 바통을 넘겨줄 겁니다. 또는 그 타이밍에서 '감사합니다, 다음번에도 잘 부탁드려요'라고 말하면 대화를 끝낼 수도 있습니다. '이제 슬슬……'이라고 말하며 은근슬쩍 끝내는 것보다는 떳떳하고 좋은 인상을 남길 수 있기 때문에 기억해두면 좋을 거예요.

POINT

잡담의 비율은 나의 이야기 30퍼센트, 상대방의 이야기 70퍼센트의 균형을 맞추는 것이 이상적이다.

센스 **2**
재미있는 사람보다 편한 사람이 된다

○

"
클래식이요?
멋져요!
"

✕

"
클래식이요?
하하,
귀족이세요?
"

 HINT

무례한 사람보다 재미없는 사람이 낫다.

개그 욕심을 버리고 평범하게 칭찬하라

이야기를 재미있게 하려고 상대방의 말에 쓸데없이 딴지를 거는 것은 잘못된 잡담입니다. 예를 들어 상대방이 '저는 클래식 음악을 즐겨 듣는데, 그중에서도 쇼팽의 곡을 가장 좋아해요'라고 말했을 때, 분위기를 살려보겠다고 '에이, 너무 대외용 취미 아닌가요?'라고 끼어들거나 '클래식이라니 귀족이신가 봐요?'라고 장난을 치는 거죠. 이러한 말장난은 대부분 안타깝게도 재미가 없습니다. 엉뚱하게 노력하는 바람에 그 자리의 분위기는 오히려 싸늘해지죠.

말장난으로 분위기를 좋게 만드는 건 매우 어려운 기술입니다. 아마추어가 쉽게 따라 할 수 있는 게 아니죠. 섣불리 시도하면 '썰렁한 사람'이라는 평가를 받기도 합니다.

그렇다면 어떻게 하면 좋을까요? 쓸데없이 딴지를 걸 여유가 있다면 차라리 제대로 '칭찬'하는 습관을 기르세요. 분위기는 화기애애해지고 대화도 훨씬 더 즐거워질 것입니다.

A : 저는 클래식 음악을 즐겨 들어요.

B : 아, 클래식 좋네요. 클래식은 잘 모르지만, 어떤 곡을 즐겨 들으세요?

A : 여러 가지가 있지만, 가장 좋아하는 곡은 쇼팽의 '야상곡 (녹턴)'이에요.

B : 오, 저도 들어본 적 있어요. 참 좋죠.

A : 아시는구나! 쇼팽은 정말 천재라서…….

'칭찬'은 최고의 리액션

'좋네요', '멋져요', '근사해요', '대단해요' 등등 칭찬하는 말은 뭐든지 좋습니다. 물론 겉치레 말이라도 상관없습니다. '당신의 이야기를 호의적으로 받아들이고 있다'는 마음이 전해지기만 하면 됩니다. 따라서 다음과 같이 엉뚱한 칭찬의 말을 건네도 대화는 화기애애해집니다.

A : 돌아다니면서 맛집을 찾는 게 취미예요.

B : 와, 왠지 멋지네요. 최근에 찾은 데 있어요?

A : 멋지다고요(웃음)? 이번에 찾은 가게는…….

엉뚱하게 딴지를 걸면서 말하는 것보다 억지로라도 칭찬을 하면 상대방은 이야기를 계속하고 싶어집니다. 거짓말 혹은 빈말을 하는 것 같더라도 일단은 호의적인 리액션을 하세요. 잡담이란 그런 긍정적인 마음을 주고받는 걸 뜻하기 때문입니다.

POINT

'대단하다', '예쁘다'든 무슨 말이든 괜찮으니 그냥 칭찬한다.

센스 **3**
칭찬을 인사말로 가볍게 받아들인다

○

"
감사합니다.
집에
다른 색도
있어요.
"

✕

"
에이,
아니요.
그렇지 않아요.
"

HINT

칭찬을 부정하면 상대는 곤란하다.

칭찬을 부정하면 대화가 끝난다

칭찬으로 잡담을 시작하는 사람이 있습니다. 그때는
어떻게 리액션하는 게 정답일까요?

A : 옷이 예쁘네요.

B : 아니, 그렇지 않아요…….

A : 활약이 대단하시네요.

B : 아, 아뇨, 그렇게 말할 정도는…….

이렇게 무심코 겸손한 대답을 하는 것은 바람직하지
않습니다. 왜냐하면 거기서 대화가 끝나버리기 때문이
죠. 애초에 상대방은 가벼운 겉치레 말로 칭찬했을 뿐입
니다. 그런데 일일이 '아니에요'라고 부정을 하거나 '그
렇지 않아요'라고 겸손을 떨거나 '당신이 더 대단하죠'
라고 되받아치면 상대방은 더 칭찬을 해야 할지 화제
를 돌려야 할지 몰라 곤란해집니다.

그러면 어떻게 리액션하는 게 좋을까요? 정답은 솔

직하게 '감사합니다'라고 감사 인사를 하는 겁니다. 만약 겉치레 말이었다고 해도, 감사 인사를 받고 기분이 나쁠 사람은 없습니다.

감사 인사에 한마디를 더해서 화제를 넓힌다

익숙해지면 '감사 인사+한마디'로 화제를 넓혀나갈 수 있습니다. 예를 들면, '감사합니다+오늘 입은 블라우스는 굉장히 마음에 들어서 색깔만 다른 걸로 세 벌이나 가지고 있어요'라고 대답하면 자신도 민망하지 않고, 상대방도 '어디서 샀어요?'라고 물어볼 수 있으므로, 대화를 이어나가게 만들 수 있죠.

학력이나 외모, 업무 성과 등을 칭찬받았을 경우도 마찬가지입니다. 예를 들면 다음과 같은 식이죠.

A: ▲▲대 졸업하셨어요? 정말 대단하네요.

B: 감사합니다. + 학창 시절에 엄청난 공부벌레였거든요.

A: 오, 얼마나 공부벌레였는데요?

A: 피부가 엄청 깨끗하네요!

B: 감사합니다. + 밤마다 보습 크림을 잔뜩 바르거든요(웃음).

A: 어떤 제품이에요?

참고로 상대방이 싫은 소리를 했을 때에도 '감사합니다'라는 대답은 굉장히 유용합니다.

A: 참 좋겠어요. 농땡이를 쳐도 꼬박꼬박 월급을 받으니까요.

B: 감사합니다. 정말 그러네요.

A: 남편이 돈을 많이 벌어오는 사람은 여유가 있잖아.

B: 고마워. 나도 정말 좋은 남편이라 생각해.

편리하고 써먹기 좋은 '감사합니다'를 꼭 유용하게 활용해보세요.

POINT

'감사합니다'는 공격할 때도 수비할 때도 쓸 수 있는 최강의 말이다.

○

"
그 넥타이
자주
매시네요.
잘 어울려요!
"

✕

"
그 넥타이
정말
자주
매시네요.
"

HINT   변화에 대해 말할 땐, 칭찬을 덧붙인다.

칭찬을 지적처럼 하는 사람

잡담이란 마음을 주고받는 일이기 때문에 먼저 상대방에게 관심을 갖는 것이 중요합니다. 상대방을 잘 관찰하고 변화를 알아차리는 것만으로도 상대방은 정말 기뻐합니다. 그러나 '알아차린 것'을 어떻게 표현하느냐에 따라 명암이 나뉘기도 하죠.

예를 들면 다음과 같은 대화를 자주 하지 않았나요?

A : ○○ 씨. 염색을 또 했네요?

B : (멋 부린다고 뭐라고 하는 건가?)네. 기분 전환도 할 겸······.

A : 멋지네요.

B : 아, 그런가요?

이것은 바람직하지 않은 잡담입니다. 칭찬을 받은 사람의 입장에서 보면 칭찬을 하는 건지 깎아내리는 건지 잘 몰라서 리액션을 하기가 난감합니다. 용케도 상대방이 염색했다는 걸 알아차리고 말을 걸었는데 상대방은 그 말을 지적처럼 느낄 수도 있습니다. 참으로 안타깝습니다. 이런 식으로 변화를 잘 알아차렸지만 표현이 서툰 사람들이 많습니다.

변화를 알아차렸다면 곧바로 칭찬을 덧붙여라

칭찬을 잘하는 사람은 사소한 변화도 금세 알아차리고, 그것을 칭찬의 말로 전합니다.

> "그 넥타이 오늘도 매셨네요? + 볼 때마다 멋있어요!"
> "혹시 머리 스타일 바꿨어요? + 엄청 잘 어울려요."
> "가방, 새로 사셨어요? + 색깔이 참 예쁘네요."

변화를 알아차리는 말만으로도 '당신을 지켜보고 있어요', '관심이 있어요'라는 메시지를 전달할 수 있습니다. 하지만 역시 뒷부분의 긍정적인 칭찬의 말이 핵심입니다. '볼 때마다 멋있어요!', '엄청 잘 어울려요', '색깔이 참 예쁘네요'라는 말을 쑥스러워하지 않고 할 수 있느냐 아니냐가 중요합니다.

그와 반대로 잡담의 고수쯤 되면 누군가 당신의 변화를 알아차리는 말을 했을 때 칭찬의 말을 끄집어내는 일도 잘합니다.

A: 그 가방, 새 거네요?

B: 어머? 눈치챘어요? 어때요? 이상해요? 안 이상하죠?

A: 아뇨, 엄청 근사해요(웃음).

A: 혹시 머리스타일 바꿨어요?

B: 네, 바꿨어요. 잘 어울리죠? 잘 어울린다고 말해줘요.

A: 네, 잘 어울려요, 엄청 잘 어울려요(웃음).

만약 평소 무뚝뚝한 상대가 열심히 커뮤니케이션을 취한다면 긍정적인 방향으로 대화를 이끌어주세요.

> **POINT**
>
> 끝이 좋으면 다 좋다. 대화도 마지막 한마디가 중요하다.

○

"
그때 말한
'증권맨'
말이야.
"

✕

"
그때 말한
'그 사람'
말이야.
"

 HINT

지시대명사는 가능하면 쓰지 않는다.

애매한 호칭을 섞어 말하면 대화가 복잡해진다

A : 며칠 전에 우연히 전 남자친구를 만난 거 있지.

B : 아아……, 얼마 전에 헤어진 증권 회사 다닌다는 남자?

A : 아니, 아니. 3년 전쯤에 사귄 아르바이트하는 남자.

B : 아, 그 남자!

A : 근데 그 애가 말이야. 내가 아는 여자애랑 같이 있는 거 있지. 거기다 그 애를 만난 곳도 예전에 나랑 자주 왔던 카페였어. 그 카페가 원래 내가 예전부터 자주 가던 카페야. 회사에서 가까워서 좋았거든.

B : 음, 그 남자는 어디서 일한다고 했지?

A : 어, 그러니까…….

이처럼 종잡을 수 없는 이야기에 휘말려서 혼란스러웠던 적은 없었나요? 등장인물이 많고, '전 남자친구', '아는 여자애', '그 카페' 등 애매한 호칭을 섞어 말해서 이야기를 따라가기가 어렵습니다.

이러한 '이해하기 어려운 이야기'도 고통스러운 잡담 중 하나이죠. 그러므로 잡담을 할 땐 되도록 '이',

'그', '저' 등의 지시대명사를 쓰지 말아야 합니다. 또한 상대방이 지시대명사 대신 이름이나 별명을 붙여 말하도록 도와줍니다.

등장인물에는 이름과 사진을 준비

A : 며칠 전에 우연히 전 남자친구를 만난 거 있지.

B : 아아……, 얼마 전에 헤어진 '증권맨'?

A : 아니, 아니. 3년 전쯤에 사귄 아르바이트하는 남자.

B : 아, 너보다 어렸던 남자! 그래서 그 '연하남'이 어쨌는데?

A : 그래, 그 연하남이 내가 아는 애랑 같이 있는 거 있지.

B : 걔 이름이 뭔데?

A : 박민지.

B : 아, 박민지.

A : 근데 연하남을 마주친 데가 예전에 나랑 자주 왔던 카페였어. 아, 그 카페는 원래 내가 예전부터 자주 갔던 가게야.

B : '추억의 카페' 같은 거구나.

A : 맞아, 그 '추억의 카페'에 둘이 다정하게 있는 거야.

상대방이 모르는 사람의 이야기를 할 때는, 되도록 이름을 말하세요. 실명을 언급하기 곤란한 경우에는 즉흥적으로 별명을 붙이세요. 그리고 테이블 위에 있는 컵이나 조미료 통을 등장인물로 비유해서 관계도를 정리하면 더욱 이해하기 쉽고, 역할극처럼 생동감도 연출할 수 있으므로 추천합니다.

만약 보여줘도 괜찮다면 그 사람의 사진을 보여주세요. 그러면 듣는 사람이 지루해하지 않습니다. 여럿이 대화하는데 한 사람만 모르는 사람의 이야기를 할 때 또는 자신이 좋아하는 연예인의 이야기를 할 때에도 써먹으면 좋은 테크닉입니다. 듣는 사람이 '알기 쉽게', '구체적으로', '이미지로 떠올릴 수 있게' 말하려면 평소의 대화 이상으로 신경을 써야 합니다.

POINT

사람들은 이미지가 떠오르지 않는 이야기에 싫증을 느낀다.

센스 6
몸의 표정도 신경 쓴다

⭕

몸짓과
손짓을
크게 한다.

❌

무의식적으로
팔짱을
낀다.

 HINT   팔짱을 끼는 것은 무표정을 짓는 것과 같다.

나도 모르게 짓는 몸의 표정

사람들은 긴장하거나 따분해지면 무의식중에 팔짱을 낍니다. 사실 이것은 잡담을 방해하는 최악의 제스처입니다. 팔짱을 끼는 것은 '방어'의 사인이죠. 즉 상대방에게 '이 이상은 나의 영역이니 들어오지 말라'는 메시지를 보내는 행위입니다.

또한 팔짱을 끼면 필연적으로 몸을 자연스럽게 움직이지 못합니다. 몸에도 표정이 있다고 한다면, 완전히 무표정으로 이야기를 듣는 것과 같죠. 그러면 상대방의 입장에서는 말하는 게 어렵기 짝이 없습니다.

그러면 어떻게 하면 좋을까요? 이것은 저도 항상 주의하는 점인데요. '절대로 팔짱을 끼지 않는다'고 마음먹고, 이야기를 하면서 의식적으로 손을 움직입니다. 예를 들면 '갑자기 공이 저기서 날아오는 거야'라고 말하면서 오른손을 휙 움직이거나 '얼마 전에 먹은 햄버거 크기가 이만한 거 있지!' 하고 양손을 써서 나타내는 거죠. 상대방이 '손짓이랑 몸짓이 크네요'라고 웃어주면 제 생각대로 된 겁니다. 그뿐 아니라 시선도 의식적으로 컨트롤하고 싶어지죠. 그때는 기본적으로 상대방의 입 주변을 보려고 하는데, 여기에도 이유가 있습니다.

눈을 보지 않고 입 주변을 본다

상대방의 눈을 보지 않고 이야기하면 상대방은 불안을 느끼고, '이 사람은 왠지 믿을 수가 없다'는 평가로 이어지기 쉽습니다. 그렇다고 눈을 똑바로 쳐다보면 상대방은 당황스러워할 수 있습니다. 그래서 적당히 눈높이를 맞추면서도 상대방이 긴장하지 않게 하는 매너가 필요한데, 그것이 바로 '입 주변을 보는 것'입니다.

대화 도중에 시선을 떼도 되는지 판단하기가 어려울 텐데, 개인적으로 저는 대화를 하다가 가끔 시선을 떼는 편입니다. 계속 바라보는 것보다는 잠시 긴장을 풀 수 있는 순간이 있는 게 편하기 때문이죠.

다만, 이것은 각자 취향에 맞게 선택하면 됩니다. 팔짱을 끼고 '당신이 무슨 말을 하는지 지켜보겠다'고 어필하지만 않으면 시선은 너무 신경 쓰지 않아도 괜찮습니다. '시선에 신경 써야 해', '팔짱을 끼면 안 돼'라고 지나치게 의식하면 오히려 독입니다. 그 긴장은 상대방에게도 전해집니다. 자신이 편하게 말할 수 있는 자세를 찾아보세요.

덧붙이자면 일부러 '팔짱을 끼는' 작전도 있습니다. 이 작전은 상대방을 멀리하고 싶을 때에 활용하세요. 거리낌 없이 훅 다가오는 상대방에게는 팔짱을 끼면서 불쾌감을 넌지시 어필할 수 있습니다. 맞장구나 표정, 제스처를 통해 거리감을 조절할 수 있다면 잡담 능력이 향상됐다는 증거입니다.

POINT

거리를 두고 싶은 상대에게는 일부러 팔짱을 껴서 거절의 제스처를 취한다.

센스 **7**
리액션은 내용보다 타이밍이다

○

간단한
감탄사로
리액션을
한다.

✕

한마디가
끝날 때마다
맞장구친다.

 HINT   문장이 아닌 감탄사로 간단하게 리액션한다.

'아 · 이 · 우 · 에 · 오' 리액션

이성에게 인기를 얻고 싶다면 '역시!', '몰랐어요', '대단하네요', '센스가 좋네요', '그런가요?'라고 맞장구를 쳐야 한다고 합니다. 이렇게 상대방의 말에 반응을 하면 이성이 호감을 느끼고 결과적으로 인기를 얻을 수 있다는 것이죠. 하지만 저는 그다지 추천하지 않는 리액션입니다.

'아양을 떠는 것처럼 보인다', '써먹을 만한 상황이 한정된다'는 점 이외에도 중요한 이유가 있습니다. 그것은 정작 중요한 때에 딱 적절한 리액션이 바로 나오지 않는다는 거죠. 게다가 잡담에 능숙하지 않은 사람에게는 이조차 부담스럽습니다. 그래서 저는 '아 · 이 · 우 · 에 · 오' 리액션을 추천합니다. '아', '이런', '우음', '에고', '오'라는 다섯 가지 말로 리액션을 하는 거죠. 단순한 만큼 제때 바로 튀어나올 수 있습니다. 구구절절 복잡한 말보다 적절한 타이밍에 튀어나오는 감탄사가 오히려 더 효과적입니다.

재치 있는 대꾸보다 간단한 리액션이 쉽다

A: 날씨가 제법 쌀쌀해졌네요.

B: 아, 그러네요.

A: 요즘 우리 아이가 프로그래밍을 시작했어요.

B: 오! 프로그래밍이요?

A: 어제 택시에 휴대폰을 두고 왔어요.

B: 에고! 어떻게 하셨어요?

상대가 어떤 말을 하면 '아!' 하고 긍정하고, '이런!' 하고 공감하고, '우음' 하고 생각에 잠기고, '에고!' 하고 놀라고, '오!'라고 감탄하세요.

농담 같지만 실제로 이 말만으로도 상대방은 '내 이 야기에 흥미를 가지고 있다'고 느끼고 기뻐합니다. 사람은 이야기하기 쉽고, 마음이 맞는 것 같은 상대에게 는 호의를 가지기 마련이죠. 이 다섯 가지 말을 하는 데 익숙해지면 살짝 눈을 크게 뜨거나 손바닥을 탁 치는 등 자신만의 제스처를 더해보세요.

재치 있게 대꾸하려고 고민하기보다는 먼저 '아 · 이 · 우 · 에 · 오'를 활용해 크게 리액션을 하세요. 이것은 사람들에게 호감을 얻는 데 효과적인 테크닉입니다.

POINT

재치 있게 대꾸하려고 애쓰지 말고 간단하게 리액션 해라.

센스 8

사회자 대신 호응 좋은 패널이 된다

○

분위기를
부드럽게
만든다.

✕

분위기를
정리하고
주도한다.

 HINT

각자 자신에게 잘 맞는 역할이 있다.

잡담에서도 자신에게 맞는 역할이 있다

잡담을 잘하는 사람이라고 하면 당신은 어떤 모습을 떠올리나요? 대부분 베테랑 사회자처럼 매끄럽게 진행하는 모습, 참가자에게 두루두루 말을 걸면서 어떤 화제에도 적절히 응수할 뿐 아니라 대화 소재도 풍부하여 어떤 대화가 나와도 잘 받아넘기는 모습을 떠올리죠.

잡담을 못하는 사람일수록 이런 사회자 유형을 동경하는 경우가 많습니다. 하지만 잡담을 잘하고 싶다고 해서 사회자가 되려고 할 필요는 없습니다. 사람에게는 맞는 일과 맞지 않는 일이 있습니다. 사실은 그보다 더 좋은 역할이 있습니다. 바로 윤활유처럼 그 자리를 부드럽게 만드는 역할을 하는 것입니다. 사회자가 아니라 호응이 좋은 패널이 되는 거죠. 잡담의 고수라고 해서 모두가 사회자인 것은 아닙니다. 자신에게 맞는 페이스를 찾아 잡담에 참여하는 사람이 진짜 고수죠.

상대방이 말한 '단어'를 그대로 반복하기

윤활유 역할을 하려면 구체적으로 어떤 요령이 필요할까요? 유명한 방법으로 상대방이 말하는 내용을 그대로 되풀이하는 '앵무새처럼 따라 하기' 기술이 있습니다. 하지만 그보다 더 간단한 방법이 있습니다. 바로 들은 단어를 그대로 반복하는 것입니다.

> A : 얼마 전에 케이크가 맛있는 가게를 찾았어.
>
> B : 케이크 맛집?
>
> A : 가로수길에 있는 가게야.
>
> B : 오, 가로수길에 있구나.
>
> A : 케이크에 신선한 치즈가 가득 들어 있어.
>
> B : 대박, 치즈? 맛있겠다!

어떤가요? 상대방이 한 말 중에서 단어를 하나 골라내서 그대로 반복하면 상대방은 '이 사람은 내 얘기에 흥미를 가져주는구나'라고 받아들여 편한 마음으로 말할 수 있죠. 사람에 따라서는 맞장구를 치거나 리액션을 하기보다는, 이렇게 단어를 그대로 반복하는 것이 더 쉬울 수도 있습니다. 부부간이나 가족 간의 대화에서도 추천합니다.

POINT
대화하기 쉬운 분위기를 만드는 사람이 잡담을 잘하는 사람이다.

센스 9
모든 말에 반응하지 않는다

○

"
거기 좋죠.
(끄덕끄덕)
"

×

"
햄버거요?
오, 콜라!
우와!
"

 HINT   무작정 반응하지 말고 압축적으로 질문하라.

압축 리액션 vs 일일이 리액션

> A : 얼마 전에 역 앞에 생긴 소바집에 갔어요.
>
> B : 2번 출구에 있는 소바집이요? 거기 맛있죠.
>
> A : 네. 의외로 괜찮았어요. 그리고 그 옆에 햄버거 가게가 있었는데…….
>
> B : 요즘은 햄버거가 인기 많죠. 줄 많이 서 있던가요?
>
> A : 아아…… 네. 그래도 사람들이 길게 줄 서 있는 거라면 버블티 가게가 더…….
>
> B : 버블티! 맞아요, 거기 인기 엄청나더라고요. 점점 가게도 늘고 있잖아요.

상대가 거래처 사람이나 상사라면, 대화마저 업무라고 의식한 탓인지 최선을 다해 잡담을 나누려고 하는 사람이 많습니다. 그러나 그 노력이 때로는 헛수고가 되기도 하죠. 상대방이 하는 모든 말에 반응하는 것이 그런 헛수고 중 하나입니다.

앞에서 단어를 그대로 반복하는 편이 좋다고 말했죠. 하지만 위의 대화처럼 단어를 반복할 뿐 아니라, 그 사람이 하는 모든 말을 일일이 맞받아치는 것은 오히려 상대가 하려는 말의 흐름을 끊는 일일 수 있습니다. 반응하는 사람으로서는 조금이라도 더 많은 리액션을 하여 상대방이 마음을 열 수 있게 하려는 속셈일 테죠. 하지만 그렇게 안절부절못하고 닥치는 대로 리액션을 하면 대화도 관계도 전혀 깊어지지 않습니다. 그럴 때는 어떻게 하면 좋을까요?

어느 정도 잡담력이 생겼다면 목표나 전략을 의식하세요. 예를 들면 거래처 사람이 '얼마 전에 역 앞에 생긴 소바집에 갔었다'고 말하면 이 화제를 '역 앞'과 '소바'(또는 소바집) 중 어느 쪽으로 받아들이고 이야기를 펼쳐나갈지 대략적인 방침을 정하는 거죠.

전자라면 '역 앞에는 자주 가시나요?', '역 앞에 새로운 가게가 이것저것 생긴 것 같더라고요?' 등의 질문을 할 수 있고, 후자라면 '소바집, 어땠어요?', '평소에도 소바를 즐겨 드세요?' 등과 같이 물어볼 수 있죠. 이런 식으로 흐름을 생각하며 질문하면 대화를 더 자연스럽게 펼쳐나갈 수 있습니다.

때로는 잠자코 수긍하는 것도 잡담력

잡담을 못하는 사람이 무심결에 하는 행동이 있습니다. 바로 침묵을 견디지 못하고 무작정 반응하는 겁니다. 어색해지는 게 너무나 두려운 나머지 상대방이 하는 말에 전부 반응합니다. 그 결과, 경솔하게 대답하여 오히려 분위기를 깨트리고 말죠.

모든 키워드에 반응하고, 질문을 던질 필요는 없습니다. 아무 말도 하지 않고, 수긍한다는 듯이 고개를 끄덕이면서 이야기를 듣는 것도 훌륭한 리액션 중 하나입니다. 심호흡을 하고 느긋한 태도로 잡담을 나누면 그 침착함이 상대방에게도 전달되어 편안한 인상을 줄 수 있습니다.

POINT

대화를 주고받을 때는 느긋하게 이야기한다.

| 5장 |

"말이 통하는 사람과 일하고 싶습니다"

**똑같이 일해도 더 인정받는 사람들의
9가지 비법**

비법 **1**
처음 만나는 사람에게 인사하는 법

"
안녕하세요.
○○○ **입니다.**
"

"
처음 뵙겠습니다.
○○○ **입니다.**
"

 HINT   비즈니스 미팅이라고 100% 사무적일 필요 없다.

안녕하세요 vs 처음 뵙겠습니다

A : 처음 뵙겠습니다, ▲▲사의 ○○○입니다.

B : 반가워요, ●●●입니다. 우리 지난번에 만났었죠?

A : 아, 네. 오랜만입니다.

처음 만난 사람과 대화할 때, 보통 이렇게 이야기를 시작합니다. 그러나 사실 이것은 좋은 인사는 아닙니다. 잡담이란 대화를 계속 주고받으며 마음을 가라앉히는 행위이기 때문에 '시작하는 법'도 편안해야 하죠. 그러므로 딱딱하게 자기소개를 하고 명함을 건네면서 대화를 시작해서는 안 됩니다. 그럼 어떻게 하면 좋을까요?

초면은 물론 구면인 사람에게 인사를 할 땐 '안녕하세요'라는 말을 앞에 붙여봅시다.

"안녕하세요! 처음 뵙겠습니다, ▲▲사의 ○○○입니다."

"안녕하세요. 지난번에 한 번 봤죠?"

"안녕하세요. 오랜만입니다."

이런 식으로 상대에게 먼저 '안녕하세요'라고 인사하면 그 자리의 분위기는 확 밝아집니다. 게다가 인사는 '자, 이제 대화를 시작해볼까요?'라는 신호이기도 합니다. 스포츠 경기를 시작하기 전에 선수들끼리 서로 '잘 부탁한다'고 말하는 것과 같습니다.

똑같은 인사말이라도 '항상 신세 지고 있습니다', '수고하십니다'는 좀 사무적인 느낌이죠. 특별한 의미를 두지 않고 가볍게 잡담을 시작하는 신호를 보낼 때에는 '안녕하세요'라고 인사하는 게 가장 좋습니다.

여러 번 만났다 해도 이름을 말해라

'안녕하세요!' 하고 인사한 뒤에 '○○○입니다'라고 이름을 말하는 것도 중요합니다. 왜냐하면 상대방은 당신의 얼굴과 이름을 기억하지 못할 확률이 높기 때문이죠. 처음 만나든 두 번째 만나든 세 번째 만나든 개의치 말고, '안녕하세요! ▲▲사의 ○○○입니다'라고 이름을 말하세요. 이것이 잡담을 시작하는 가장 완벽한 방법입니다.

상대방이 '에이, 당연히 기억하고 있죠!'라고 웃음을 지어도 상관없습니다. 인사를 받고, 이름을 듣는다고 불쾌해지는 사람은 없으니까요. 그리고 당신이 먼저 이름을 말하면 상대방도 자신의 이름을 알려주기 때문에 상대방의 이름을 재확인할 수 있다는 긍정적인 점도 있죠.

마찬가지로 이미 건넸을지도 모르는 명함을 다시 건네는 행위도 써먹을 수 있는 기술입니다. '부서가 바뀌어서', '회사가 이사를 해서' 등 뭔가 이유를 갖다 붙이며 명함을 건네면 상대방도 명함을 줄 것이므로 얼굴과 이름을 다시 한 번 확인할 수 있죠. 이것은 파티나 모임에서 바로 써먹을 수 있는 효과적인 방법입니다.

POINT

'안녕하세요'로 시작하는 잡담은 기분이 좋다.

비법 **2**
어려운 사람과 관계의 균형 잡는 법

○

선생과
학생처럼
상하관계로
이야기한다.

✕

친구처럼
대등한
관계로
말한다.

 HINT

어려운 상대 앞에서는 착한 학생이 된다.

관계의 균형을 잡는 법

상사나 거래처 사람과 잡담을 나눠야 할 경우, 다른 때보다 훨씬 신경을 쓰는 사람이 많을 겁니다. 무슨 이야기를 하면 좋을지 모르겠고, 실례를 범하면 안 되며, 완전 실없는 이야기도 별로이지만 그렇다고 일 이야기도할 수 없으니 궁지에 몰린 거나 다름없죠. 하지만 비즈니스에서 나누는 잡담도, 그 외의 잡담과 기본적인 구조는 다르지 않습니다. 둘 다 인간관계를 구축하기 위해 나누는 대화이며 중요한 것은 과정이지 내용이 아니죠.

비즈니스 잡담을 할 때에 긴장이 되는 이유는 애초에 '관계'에 대해 잘못 생각하고 있기 때문입니다. '잡담이란 친한 사람과 적당히 수다 떠는 것'이라는 인상이 가시지 않기 때문에 부담을 느끼는 거죠. 즉 신경을 쓰는 상대방에게 친구처럼 거리낌 없이 다가가려고 하니까 어려워지는 겁니다. 상사나 거래처 사람 등 자신보다 높은 상대와 멀지도 가깝지도 않은 적당한 거리감을 유지하는 관계를 만들려면 어떻게 해야 할까요?

중요한 자리에서는 배우는 자세로

비즈니스 잡담에서는 대등하게 이야기하는 것보다 상대방에게 배우는 태도를 취하는 게 바람직합니다. 상사나 거래처 사람도 어떤 태도로 잡담을 해야 할지 모르는 경우가 많습니다. 서로 대화하는 게 어색한 거죠. 그렇기 때문에 솔선해서 학생이 되어보세요.

예를 들면 '요즘 좀 고민이 있는데요'라고 슬쩍 자신의 이야기를 꺼내며 상담을 청하는 것입니다. 또는 상대방이 말하는 내용에 대해서 '저기!' 하고 학생처럼 손을 들고 '△△은 ▲▲인가요? 가르쳐주실 수 있나요?'라고 질문을 하세요.

이렇게 하면 상대방을 높이고 자신을 낮추는 관계를 유지한 채, 업무적으로도 사적으로도 균형 잡힌 대화를 나눌 수 있습니다. 상대방도 '그런 일이라면' 하고 침착함을 되찾고 많이 알려줄 겁니다. 이것이야말로 비즈니스 잡담에서 가장 완벽한 균형이죠.

이것만 있으면 설령 드라마의 명대사에 대해 말하든 유럽의 시장 상황에 대해 말하든 전혀 당황할 필요가 없습니다. '제가 이쪽은 문외한이라 죄송한데요'라고 말하면서 설명을 들으면 상대방은 기분이 좋아지고, 나의 지식도 늘어나므로 일석이조인 셈이죠.

'업무 상대'라고 자신을 낮추는 것도 아니고, 그렇다고 친구처럼 대등해지는 것도 아닌 딱 알맞은 상하관계를 맺기 위해 학생의 역할을 자처하는 것을 추천합니다. 참고로 이것은 시부모님이나 나이 차이가 많이 나는 어른을 상대로도 쓸 수 있는 편리한 방법입니다.

POINT

신경 쓰이는 상대 앞에서는 학생이 되어라.

비법 **3**
어떤 대화에도 통하는 열쇠 찾는 법

O

자신만의
관점을
갖는다.

X

최신 뉴스를
모조리
습득한다.

 HINT

수많은 지식보다 하나의 관점이 더 유용하다.

전문적인 지식보다 중요한 것

거래처 사람에게 장단을 맞춰주기 위해 새로운 취미를 시작하거나 최신 뉴스를 빠짐없이 꿰고 있는 사람이 있습니다. 넓고 얇은 지식으로 승부하려는 거죠. 또는 한 분야를 깊이 공부해서 전문가 못지않은 지식을 풀어내며 대화를 이끌어가는 사람도 있습니다. 깊이 있는 지식으로 승부하겠다는 거죠.

양쪽 모두 많은 노력이 필요합니다. 그런 지식들은 분명 대화를 이끌어가는 데 도움이 될 겁니다. 하지만 깊건 얇건 아는 지식을 펼쳐내는 대화는 피상적일 수밖에 없습니다. 결국 지식은 지식일 뿐, 그 사람의 인품을 말해주지는 않으니까요.

따라서 전문적인 지식이나 분야가 아니라 독창적인 '시점'이나 '관점'을 갖는 것을 추천합니다. 제 지인은 유통 컨설턴트 전문가입니다. 그는 어떤 현상도 '일에 빈틈이 없으려면 어떤 구조가 필요한가?'라는 관점에 맞추어 생각하고 말할 수 있습니다. 모든 뉴스를 그런 눈으로 보기 때문에 자연스레 머릿속에 들어오는 거죠.

저는 모든 현상을 인간관계로 바라보는 버릇이 있습니다. 정치 이야기든 스포츠 뉴스든 어떤 복잡한 인간관계가 얽혔는지, 당사자가 어떤 감정을 느꼈을지 생각하기 때문에 모든 일에 관심을 가질 수 있습니다.

모든 화제를 꿰뚫는 단 하나의 관점

여러분도 자신만의 '관점'을 하나쯤은 가지세요. 그러면 어떤 분야든 흥미를 갖고 다른 사람의 이야기를 들을 수 있고, 자기 나름의 코멘트를 할 수도 있습니다. 말하자면 '넓고 깊은' 잡담을 할 수 있는 거죠.

예를 들면 상대방이 "강아지를 키우고 있어서 도그런(dog run, 견인줄을 풀어주어 강아지가 자유롭게 뛰어놀면서 견주와 커뮤니케이션을 하거나 훈련을 할 수 있는 격리된 장소나 시설로 일종의 '강아지 공원dog park'을 뜻한다-옮긴이)에 자주 가요"라고 말을 꺼냈다고 합시다. 이때 강아지를 키우지 않아도 강아지에 관심이 없어도 자기 나름의 '관점'만 있으면 잡담을 나눌 수 있습니다.

제 지인처럼 '유통'이라는 관점에 맞추어 생각하는 사람은 "도그런은 어떤 장소에 있나요? 사람들이 다니기 편해야 하고, 넓어야 하죠?"라고 물으며 이야기를 이어나갈 수 있습니다. 저처럼 '인간관계'라는 관점에서 바라보는 경우에는 "어떤 사람들이 모이나요? 견주들끼리 교류도 하나요?"라고 물어볼 수 있겠죠.

물론 이런 관점은 하루아침에 가질 수 있는 것은 아닙니다. 먼저 자신의 관심사를 종이에 써보고, 관심사들에 어떤 공통점이 있는지를 생각해보는 게 좋습니다. 그렇게 노력하다 보면 자신만의 관점을 가질 수 있습니다. 그런 관점은 사람과 대화할 때, 평생의 무기가 됩니다.

POINT

자신만의 '관점'이 있으면 넓고 깊은 대화를 할 수 있다.

비법 **4**
엘리베이터에서 상사에게 인사하는 법

"
안녕하세요.
벌써
금요일이네요.
"

꾸벅
인사하고
침묵한다.

 HINT   대답이 돌아오지 않을 질문을 해도 상관없다.

아무리 어색해도 고개를 돌리지 마라

엘리베이터에서 뜻하지 않게 상사와 단둘이 있게 되어 어색했던 경험, 다들 한 번쯤은 해봤을 겁니다. 직장인을 위한 자기계발서에서 '일 잘하는 직장인은 엘리베이터에서 나누는 대화를 최대한으로 활용한다'고 이야기하지만 막상 그런 상황을 마주하면 무슨 말을 해야 할지 몰라 가만히 고개를 숙이는 경우가 많죠.

그러나 이처럼 상사가 말을 걸지 않도록 시선을 피하는 행동은 바람직하지 않습니다. 좁은 엘리베이터 안에서 벌어지는 일이기 때문에 당신이 자연스럽게 행동했다고 생각해도 상사는 이미 다 알고 있습니다. 알면서 아무 말도 하지 않는 거죠. '나를 불편해하니까 말 걸지 말아야지'라고 상대방을 배려하는 것일 수도 있고, 아니면 '내 얼굴을 보고 눈을 피하네'라고 내심 화가 났을 수도 있습니다.

그러면 엘리베이터에서 상사와 함께 탔을 때, 어떻게 행동하면 좋을까요? 정답은 '내가 먼저 말을 건다'입니다.

날씨, 칭찬 등 어떤 화제든 괜찮다

도망칠 수 없는 밀실 속에서 함께 있는 상대는 신경이 쓰이는 상사. 이렇게 악조건이 갖춰진 상황에서 도대체 무슨 말을 하면 좋을까요? 정답은 '뭐든지 괜찮다'입니다. 엘리베이터 안에서 나누는 대화에, 명확한 화제는 필요 없습니다.

> A : 부장님, 수고하십니다!
>
> B : 어어, 그래요. 요즘 어때요?
>
> A : 부장님 덕분에 그럭저럭 잘 지내고 있어요.
>
> B : 그렇군요. 오늘은 외근인가요?

이런 말을 주고받는 사이에 목적한 층에 도착합니다. 중요한 것은 대화의 내용이 아니라 '적극적으로 말을 걸고, 잡담을 했다'는 사실입니다. 왜냐하면 '무시하지 않았다'는 것만으로도 훌륭하기 때문이죠. 규칙이니 비법이니 하는 것들은 일단 잊어버리세요.

혹시 여유가 있고, 시도할 수 있다면 지금까지 알려

드린 '칭찬하기', '가르침을 받기', '감사 인사하기'를
실천해보세요.

> A : 부장님, 패션이 항상 멋지시네요!(칭찬하기)
>
> B : 하하, 그럴 리가요.
>
> A : 혹시 옷 어디서 사셨는지 알려주실 수 있으세요?(가르침을
> 받기)
>
> B : 아, 이따가 가르쳐줄게요.
>
> A : 네, 감사합니다(감사 인사하기). 그럼 실례하겠습니다.

　참으로 알맹이 없는 대화이지만, 상사는 당신에게
분명 좋은 인상을 가질 겁니다. 어설프게 업무 이야기
를 꺼내는 것보다 훨씬 좋습니다.

POINT

> 말을 걸기만 하면 된다. 그것만으로 충분하다.

비법 **5**
택시 안에서 상사와 소통하는 법

◯

창밖의
거리에 대해
이야기한다.

✕

서로
피곤하니
가만히 있는다.

HINT 함께 보는 것에 대해 얘기하면 서로가 편하다.

어색함을 쫓아내는 비디오 토크

상사와 잡담을 나눠야 하는 경우, 엘리베이터보다 난이도가 높은 것이 '같이 택시를 타고 귀가할 때'가 아닐까요? 엘리베이터라면 단시간에 어떻게든 상황이 끝이 날 테고, 다른 층에서 사람이 탈 가능성도 있지만 택시라면 그럴 일이 없습니다.

작정하고 열심히 잡담을 하려고 해도 어떻게 해야 할지 모르겠다면? 지금까지 알아본 방법도 이것저것 시험해봤지만 잘되지 않았다면? 그럴 때는 어떻게 하면 좋을까요? 사실 택시 안에는 그 장소에서만 할 수 있는 대화 소재가 널려 있습니다. 그것은 '창밖으로 보이는 거리 풍경'입니다. 회의실이나 술집에서는 대화의 소재로 삼을 수 없는 것이죠. 택시 안에서 도저히 어떤 말을 해야 할지 모르겠다면, 창밖에 보이는 것들을 언급해보세요.

"차가 막히네요."

"이 길은 계속 공사 중이네요."

"어머, 저 가게 없어졌네요. 거리 분위기도 엄청 달라졌네요."

뭐든지 상관없습니다. 눈에 띄는 것을 모조리 말하면 됩니다. 이 기술을 '비디오 토크'라고 합니다. 상사는 당신이 던진 소재를 계기로 요즘 경기(景氣)에 대한 이야기나 거리에 얽힌 추억 이야기를 시작할 수 있습니다.

상대방이 이야기를 하면 '그렇군요', '그래요?' 하고 맞장구를 치세요. 별것 아닌 내용이라도 여기서는 괜찮습니다. 그리고 대화가 끊기면 또다시 눈에 보이는 풍경을 그대로 화제로 삼으세요. 예를 들면 다음과 같이 말이죠.

"와, 간판이 엄청 크네요!"
"저 벤츠, 연식이 꽤 됐죠."

어색한 분위기가 흘러넘치기만 할 것 같은 택시 안은 오히려 화젯거리의 보물 창고라 할 수 있습니다. 이렇게 눈에 보이는 것을 말하면 두 가지 효과가 있습니다. 하나는 '화제에 대한 걱정이 없다'는 것이고, 또 하나는 '추궁하는 질문을 받기 어렵다'는 것이죠.

사실 상사는 상사 나름대로 부하 직원에게 신경을 쓰고 있습니다. '어디에 살아요?', '취미는 뭔가요?' 등 당신에게 질문 공세를 퍼붓는다고 할지라도, 그것은 당신의 사생활을 파고들려는 속셈이 아니라 부드럽게 잡담을 나누기 위한 고육지책입니다.

그렇다고는 해도 가뜩이나 피곤한데 질문 폭탄까지 맞으면 완전히 방전됩니다. 그럴 바에는 차라리 이것저것 닥치는 대로 먼저 화제를 던지세요. 상사가 마음대로 떠들 수 있게 말이죠. 적당히 리액션만 해주면 당신은 평화롭게 귀가할 수 있습니다.

POINT

상사의 질문에 대답하는 것이 어렵다면 열심히 질문해라.

○	✕
" 얘기가 재밌어서 끝이 없네요. "	자연스럽게 화제를 바꿀 틈을 노린다.

 HINT

대화의 흐름이 무조건 자연스러울 수는 없다.

반드시 자연스러울 필요 없다

잡담을 하고 있는데, 적당히 이 이야기를 끝내고 본론으로 들어가고 싶을 때에는 어떻게 하면 좋을까요?

'그건 그렇다 치고'라며 은근슬쩍 화제를 바꾸려고 해도 금세 그 이야기로 되돌아가고, '이제 슬슬'이라고 말하며 재촉해도 이야기가 끝나지 않죠. 특히 상대가 상사나 거래처 사람 등 자신보다 높은 상대라면 화제를 바꾸기가 어렵죠.

그럴 때에는 '이건 좀 다른 얘기인데요'라고 단도직입적으로 목적을 말하는 것이 좋습니다. 이 말을 듣고 '아뇨, 화제를 바꾸지 말고 계속 얘기하죠!'라고 말을 꺼내는 사람은 없을 겁니다. 제멋대로 대화를 이끌어가는 사람이라도 그러지는 못하죠.

마찬가지로 '완전히 다른 얘기를 해도 될까요?', '대화 흐름을 깨버려서 너무나 죄송하지만' 등의 말도 효과가 있습니다. 어쨌든 '지금부터 이런 이야기를 하고 싶다'는 목적을 직접적으로 전하는 거죠.

거래처 사람과 잡담을 끝내고 슬슬 본론으로 들어가

고 싶을 때에는 '얘기가 너무 재밌어서 끝이 없을 것 같네요'라고 상대방을 치켜세운 다음 '계속 얘기하고 싶지만 오늘은 이쯤 하고 본론으로 들어갈까요?'라고 말하세요. 상대를 민망하게 만들지 않으면서 순조롭게 거래 이야기로 넘어갈 수 있습니다.

불안한 점은 먼저 양해를 구한다

에피소드를 말할 때는 이야기의 자연스러운 흐름에 신경 쓰지 않고, 가장 먼저 '양해'를 구하는 방법도 있습니다. 이 사람에게는 분명 처음 이야기하는 것 같은데, 여러 곳에서 말한 내용이라 어쩌면 두 번째 또는 세 번째 말하는 것일지도 모르는 상황이라면 시원하게 '이거, 전에도 한 얘기면 미안한데요', '이거, 제 단골 레퍼토리라 여기저기서 얘기하고 있는데요'라고 먼저 말하세요. 만약 대화 도중에 상대방이 '그 얘기, 지난번에 들었어요'라고 하면 '그렇죠? 미안해요'라고 물러나면 그만입니다.

가뜩이나 긴장되는 상대와 잡담을 해야 하는 상황이라면 상대의 리액션을 살피면서 능숙하게 분위기를 컨트롤하기보다는 '화제를 바꿀게요', '같은 얘기를 좀 할게요'라고 당당히 말하세요. 그러면 잡담에 대한 부담감이 훨씬 줄어듭니다.

POINT

이야기의 '자연스러운 흐름'을 신경 쓰지 않으면 잡담은 아주 쉽다.

비법 7
대화에 집중하고 있다고 어필하는 법

메모하면서
듣는다.

그냥 고개만
끄덕거리며
듣는다.

HINT

적당한 퍼포먼스도 필요하다.

메모하고 싶을 만큼 집중하고 있다고 어필하라

잡담이란 대화를 계속 주고받는 행위이며, 이야기의 내용은 아무래도 좋다고 여러 번 이야기했습니다. 그렇기 때문에 이야기를 들을 때 어떤 자세를 취할지 한 번쯤 생각해보세요.

> "나폴레옹은 프랑스 혁명 전날 밤에 이런 말을 했대."
>
> "지금 베네수엘라에서 재미있는 비즈니스가 유행하고 있다는 거 알고 있어?"

상사나 거래처 사람이 가벼운 설교 또는 배울 점이 있는 이야기를 했을 때, 보통은 '재미있네요!'라고 리액션하는 데 신경을 쓸 겁니다. 그러나 한 단계 더 높은 수준을 목표로 한다면 좀 더 적극적으로 '열심히 듣고 있다, 엄청 흥미가 있다'고 어필을 해도 좋습니다. 구체적으로는 '잠깐 그 얘기를 메모해도 될까요?'라고 말하며 수첩이나 스마트폰을 꺼내는 거죠.

비즈니스 잡담에서는 '선생과 학생 역할'이 효과적

이라고 말씀드렸습니다. '메모해도 될까요?'라고 물어보면서 열심히 공부하려는 학생에게 기분이 상하는 선생은 없습니다. '아니, 필기할 정도로 대단한 내용은 아니에요'라고 말하면서도 상대방은 내심 기분이 좋아질 겁니다.

그때는 진짜로 필기를 해도 되고, 그저 필기하는 척해도 상관없습니다. 반복해서 말씀드리지만, 잡담이라는 커뮤니케이션에서 중요한 것은 내용이 아니라 '필기하고 싶어질 정도로 당신의 이야기는 재미있다'고 어필하는 것이기 때문입니다.

기억하고 싶다면 다른 사람에게 이야기해라

물론 메모한 내용을 기억해두는 것이 가장 좋습니다. 정말 유익하고 재미있는 이야기를 들었다면 앞으로 당신이 레퍼토리로 써먹을 수도 있으니 기억해두세요. 하지만 메모를 하는 것과 그 내용을 기억하는 건 별개의 문제입니다. 사실 열심히 메모를 해도 좀처럼 다시 그 메모를 보는 일이 없기 때문입니다. 다른 사람이 들려준 이야기를 내 것으로 만들 정도로 기억하려면 요령이 필요합니다. 어떤 요령이냐고요? 곧바로 다른 사람에게 이야기하는 거죠.

'듣기', '읽기', '메모하면서 듣기' 등 다양한 학습법 중에서 '들은 내용을 남에게 이야기하는(가르쳐주는) 방법'이 뇌에 가장 남는다는 연구가 있습니다. 그러므로 상사나 거래처 사람에게 재미있는 이야기를 들었을 때에는 바로 동료에게 말하는 것이 좋습니다.

마땅한 상대가 없다면 SNS에 올리세요. 물론 문제없는 이야기에 한해서요. 자기 나름의 언어로 해석하여 문장으로 만드는 것 또한 기억에 남기는 좋은 방법이기 때문입니다.

POINT

메모하며(또는 메모하는 척하며) 열심히 듣고 있다고 어필한다.

비법 8
술 없이도 사람들과 친해지는 법

○	✕
점심 · 티타임에서 친해진다.	술 먹고 N차까지 간다.

 HINT　　　　술을 통해 쌓은 친분은 다음날 사라진다.

점심 식사와 티타임은 '끝'이 있다

A : 다음번에 같이 술 한잔해요.

B : 네, 그래요!

이렇게 말하고 정말 같이 술을 마시러 가는 상대가 몇 명이나 있나요? 술자리를 통해 사람들과 친해지는 전략은 비즈니스 커뮤니케이션에서 꾸준히 유행했습니다. 아직까지도 많은 사람들이 윗사람이나 거래처 사람과 친해지려면 술자리에 가는 게 가장 좋다고 말하고요.

실제로 술자리에서 나누는 담소는 편합니다. 술의 힘을 빌리면 쉽게 이야기가 활기를 띠고, 시간도 순식간에 지나가죠. 솔직히 특별한 잡담 기술도 필요 없습니다. 밤새도록 술을 마시면 친해진 것 같은 기분이 들지만, 실제로는 그렇지 않은 경우도 많습니다. 서로 술에 취하면 무슨 말을 했는지도 잊어버리고, 때로는 사소한 일로 싸우기도 하죠. 그리고 최근에는 술을 마시지 않는 사람도 많아졌습니다.

따라서 거리를 좁히고 싶은 상대에게는 함께 커피를

마시자거나 점심 식사를 함께 하자고 권하는 것이 좋습니다. 티타임이나 점심 식사의 좋은 점은 시간을 가늠하기가 쉽다는 겁니다. 술자리를 하면 몇 차까지 이어질지 모르니 끝나는 시간을 가늠할 수가 없죠.

그런 점에서 볼 때 커피나 점심을 함께 먹을 땐 애초에 장시간 함께 보낸다는 전제가 아니므로 '이제 슬슬 자리에서 일어날까요?' 하고 끝맺기가 쉽습니다. 또한 술자리에 비해서 티타임이나 점심 식사 자리는 합리적입니다. 무심코 과음해서 막차를 놓치거나 다음 날 숙취에 시달릴 걱정도 할 필요가 없죠. 단점이 딱 하나 있는데, 그것은 술을 마시지 않는 만큼 높은 잡담 기술이 요구된다는 것이죠. 하지만 이 또한 더 이상 문제가 아닙니다. 이 책에서 알려드린 내용만 알고 있어도 충분하니까요.

술 모임보다는 취미 모임

이야기하면서 공통의 취미나 스포츠가 있다는 걸 알았

다면 그것을 함께 하자고 권하는 것도 좋습니다. 테니스나 등산, 공연이나 전시회 등등. 몇 시간 동안 술 없이 열중하는 시간을 함께 보내면 상대와의 관계는 깊어집니다. 골프는 특히 잡담하기 가장 좋은 스포츠입니다. 느긋하게 서너 명이서 반나절을 함께 보내다 보면 비즈니스와 관련된 이야기는 이미 오가게 돼 있죠.

지인 중에 경영자가 있는데, 그분은 마작을 굉장히 좋아합니다. 그분은 술을 마시는 건 귀찮기도 하고, 다음 날에 지장을 주기 때문에 되도록 마작을 하며 사람들과 어울린다고 합니다.

어떤 사람과 친해지고 싶다면 쉽게 술을 권할 게 아니라 말짱한 정신으로 만나는 걸 시도해보세요!

POINT

잡담 기술은 논알콜(non alcohol) 시대에 꼭 필요한 무기다.

○

"
오,
너무 좋아요!
"

✕

"
일정 좀
볼게요.
또 누가 오죠?
"

 HINT　　　　정말 갈지 말지는 나중에 고민해도 된다.

생각하지 말고 일단 대답하라

"다음번에 내 지인도 소개할 겸 같이 술 한잔하는 게 어때?"

"날도 좋으니 같이 골프라도 치러 가죠."

상사나 거래처 사람과 즐겁게 잡담을 하다 보니 분위기가 화기애애해져서 술 한잔하러 가자거나 다 같이 놀러 가자고 권유를 받은 적이 있을 겁니다. 또는 업무 흐름상 '지금부터 뒤풀이하는 거 어때요?'라고 권유를 받은 적도 있을 테고요.

솔직히 가고 싶지 않고, 가더라도 그 자리가 어떤 자리인지 더 자세히 알고 싶어서 '잠시만요, 일정 좀 확인할게요', '또 누가 오나요?'라고 보류하는 것은 바람직하지 않습니다. 이 경우에는 우선 '좋아요', '저도 가고 싶어요'라고 말하는 것이 좋습니다.

먼저 긍정적인 대답을 한 다음에 가고 싶지 않은 자리라면 '스케줄을 확인해봤는데요, 죄송하지만 선약이 있네요', '일이 좀 바쁜 시기라서요'라고 거절해도 괜찮습니다.

잡담에서는 내용이 아니라 기분이나 자세가 중요하다고 말씀드렸습니다. 그것과 마찬가지로, 이렇게 비즈니스 미팅인지 개인적인 만남인지 알 수 없는 자리를 권유받았을 때에도 '갈 것인가 말 것인가'가 아니라 '가고 싶다'는 마음을 표현하느냐 그렇지 않느냐가 관계를 구축하는 데 중요합니다.

물론 장단에 맞춰 대답을 하다 보면 거절하기 어려운 제안도 늘어날 겁니다. 업무의 연장이라서 어쩔 수 없다고 단념해도 마음이 개운치 않을 테죠. 너무 어려운 자리일 때는 상사에게 도움을 요청해도 좋습니다.

식사 자리 후 메시지 보내기

모임이 끝나고 난 후에 꼭 해야 할 것이 있습니다. 바로 감사의 메시지나 메일을 보내는 것입니다. '잘 먹었습니다', '감사합니다'라는 말을 전하는 건 비즈니스 매너의 기본입니다. 여기서 한 단계 더 나아간다면 아래와 같은 말을 덧붙일 수 있습니다.

'지하철이 붐볐는데, 무사히 댁에 돌아가셨습니까?'

'귀갓길에 춥지는 않으셨는지요?'

이처럼 상대방의 마음을 헤아리는 따뜻한 말 한마디를 더 건네면 적절한 친밀감을 전할 수 있습니다.

POINT

바로 거절하지 말고 우선은 '가고 싶다'는 마음을 전달한 다음 나중에 거절해도 된다.

평생의 인연이
당신 옆에 있을지 모른다

이 책을 다 읽고 나니 어떠신가요? 왠지 '이렇게 하면 될 것 같아'라는 생각이 드셨나요? 그렇다면 무척 기쁩니다. 이 책으로 당신의 잡담력은 확실히 향상될 것입니다. 틀림없이 말이죠. 그러면 이제 조금 화제를 바꿔서 질문하겠습니다. 혹시 '사람에게 흥미가 없다'고 생각한 적 있으신가요?

- 나와 관계없는 사람의 이야기에는 흥미가 없다.
- 모르는 사람을 알려고 하는 마음이 들지 않는다.

- 자신의 일이 바빠서 다른 사람에게 신경 쓸 겨를이 없다.
- 친한 사람이 충분히 있기 때문에 다른 사람과 친해지려고 하지 않는다.

한편 이런 생각을 한 적도 있을 겁니다.

- 혼자가 편하지만 외로운 건 싫다.
- 인간관계가 폐쇄적이라 이대로 괜찮은지 불안하다.
- 친구는 모두 학창 시절에 맺은 관계일 뿐 어른이 되고 나서 좋은 친구가 생긴 적이 없다.
- 좀 더 남에게 관심을 갖지 않으면 일도, 연애도, 결혼도 못할 것 같다.

그 마음, 저도 잘 압니다. 진심으로 잘 압니다.

저도 꽤나 사람을 가려 사귀는 편입니다. '아무래도 상관없다'고 생각하는 사람을 차단하는 경우도 자주 있습니다. 처음 만나는 상대 앞에서나 사교 모임에서는 아직도 긴장하고, 모르는 사람이 많은 자리가 편하지 않습니다.

그런 저도 어른이 되고 나서 생긴 친구가 몇 명 있습니다. 그들도 처음에는 모르는 사람이었습니다. 어차피 나와 상관없는 사람이었기 때문에 친해지려고도 생각하지 않았습니다. 그런 사람과 어떻게 돈독한 관계를 맺었을까요? 그렇습니다. 일단 잡담을 했습니다.

어떤 모임에서 만난 사람이 있는데 조금씩 이야기하는 사이에 마음이 맞는다는 걸 알았습니다. 좀 더 이야기해봤더니 '어라? 이 사람 재미있잖아'라는 생각이 들었습니다. 좀 더 대화해보고 싶은 마음에 함께 카페에서 이야기를 나누고, 놀러 다니다 보니 서서히 친해졌습니다. 결과적으로 '이 사람과는 평생 친구로 지낼 수 있겠지? 아, 기쁘다. 믿을 수 있고, 상담할 수 있고, 함께 있으면 즐거운 사람을 만나다니 정말 다행이야'라고 감사할 정도가 됐죠.

일적으로도 개인적으로도 그런 사람이 많지는 않지만, 몇 명쯤은 있습니다. 그런 의미에서 잡담의 힘이란 굉장한 것 같습니다. 왜냐하면 처음부터 그에게 말을 걸고 잡담을 시도한 덕분에 조금씩 그와 관계를 쌓을 수 있었기 때문입니다.

잡담을 통해 서서히 관계가 깊어지면 상대를 조금 더 알 수 있습니다. 그러면 '모르는 사람'에서 '조금 더 아는 사람'으로 격상합니다. 그러면 흥미가 생기죠. 더 이야기를 나누면 좀 더 흥미가 생깁니다. 신뢰 관계, 교우 관계란 결국 이런 과정들이 축적되어 만들어진다는 걸 이 나이가 되어 절실히 느낍니다.

잡담 기술을 습득하면 다른 사람에게 흥미를 갖게 됩니다. 결과적으로 대인 관계가 넓어지거나 깊어집니다. 그리고 평생의 친구나 파트너를 얻을 수도 있습니다. 이 책이 당신의 인생에 그러한 결과를 가져오는 계기가 된다면 저자로서 더할 나위 없이 기쁠 겁니다.

마지막으로 항상 책 만들기를 지지해주시는 편집자 오타케 아사코 님, 다니나카 다카시 님, 편집을 도와주시는 시마가케 마나미 님, 디자이너 오구치 쇼헤이 님, 기라이 시오리 님, 이와나가 가오 님, 미사와 료 님, Discover 21의 호시바 유미코 님에게 이 자리를 빌려 감사의 말을 전하고 싶습니다. 그들과의 만남도 또한 '잡담'으로 시작되었습니다. 앞으로도 잘 부탁드립니다.

여기까지 읽어주신 여러분이 풍요롭고 즐거운 하루 하루를 보내기를 진심으로 기원합니다. 정말 감사합니다.

2019년 12월

이오타 다쓰나리

할 말이 없다면
마음을 먼저 찾아라

도대체 무슨 '말'을 해야 하지?

그런 사람들이 있다. 처음 만났는데도 스스럼없이 말을 거는 사람. 딱히 재미있는 이야기를 하는 것도 아닌데 자꾸자꾸 이야기를 나누고픈 사람. 말수도 적고 말재주가 뛰어나지도 않은데 어색함을 순식간에 친근함으로 바꿔버리는 사람. 상대가 누구든 편하게 대화를 주고받으며 두루두루 잘 지내는 사람 말이다. 몇 마디 '말'로 타인과 간격을 좁히고 건강한 관계를 유지하는 그들을, 나는 동경하면서도 이따금씩 질투했다.

고백하자면 나는 낯가림이 심한 편이다. 못난 성격 탓에 인간관계는 심해보다 깊고 바늘구멍보다 좁다. 침묵이 어색하지 않은 절친만 만나면 더할 나위 없이 좋겠지만 현실에서는 불가능하다. 아리스토텔레스가 말했듯이 인간은 사회적 동물이기 때문에 지극히 개인적인 삶을 살고 싶어도 홀로 존재할 수가 없다. 그래서 내 의지와 상관없이 마주치고 상대해야 하는 이들이 너무나 많다. 그런 사람들을 만날 때마다 늘 고민한다. 도대체 무슨 '말'을 해야 하지?

한때 그 답을 찾기 위해 혼자 좌뇌와 우뇌를 동시에 굴려보기도 하고, 시중에 나온 대화법 관련 자기계발서도 읽어보고, 입담 좋은 이들에게 조언도 구해봤더랬다. 그래서 답을 찾았느냐고 묻는다면 내 대답은 아니올시다! 안타깝지만 그때는 몰랐다. 그들과 도대체 무슨 '말'을 주고받아야 할지 말이다. 그러니 남들과 자연스럽고 편하게 말하는 사람들에 대한 동경과 질투의 양가감정은 꽤 오랫동안 나를 괴롭혔다.

상대에게 전할 것은 '말'이 아닌 '마음'

불편한 사람과 편하게 지내고 싶은 건 비단 나 혼자만
은 아니리라. 커뮤니케이션 코치인 이오타 다쓰나리는
나처럼 무슨 말을 해야 할지 몰라 망설이는 낯가림쟁
이들을 수없이 봤을 터. 우리가 고민하는 지점을 누구
보다 잘 아는 저자는, 그 해결책을 잡담에서 찾는다.

> 잡담이란 '미묘한 관계의 사람과 적당히 이야기하면서 좋은 관
> 계를 만들어가는 매우 섬세한 대화 방식'입니다. (20p)

그러면서 잡담이란 '마음'을 주고받는 행위라고 강
조한다. 한 번도 아니고 여러 번 반복한다. 문득 의문
이 들었다. 어라? '말'이 아니라 '마음'을 주고받는 거라
고? 방점의 위치가 잘못 찍힌 게 아닌지 거듭 확인했지
만 저자의 주장은 한결같았다. 그 말뜻을 이해하기 위
해 곰곰이 곱씹어보았다. 천천히 오래오래. 내가 온전
히 소화할 수 있도록.

그렇다, 우리는 말로 소통한다. 하지만 단순히 말을

늘어놓는다고 해서 소통이 이루어지는 건 아니다. 그
건 그저 의미 없는 단어를 나열하는 일에 불과하다. 내
말이 상대에게 통하려면 전제 조건이 하나 있다. 그것
은 마음이 담겨 있어야 한다는 것이다. 당신에게 관심
이 있다, 당신이 궁금하다, 당신을 알고 싶다, 당신과
이야기를 나누고 싶다 등. 마음에는 이런 관심과 호기
심, 궁금증과 소망 등 다양한 감정을 담을 수 있다(물론
부정적인 감정도). 사람들은 말속에 담긴 나의 마음을 감
지하고 거기에 반응한다. 따라서 마음이 담기지 않은
말은 공허한 메아리일 뿐이다. 듣는 상대에 따라서는
그저 소음일 수도 있다. 요컨대 '말'이라는 표현 수단을
이용해 상대에게 나의 '마음'을 전하는 것. 그것이 소통
이다. 저자가 '마음'에 방점을 찍은 이유 또한 마찬가지
이리라.

마음에 집중하면 할 '말'이 보인다

이 책을 우리말로 옮기는 사이 깨달은 바가 있다. 무슨

말을 해야 할지 모른다는 건 할 말이 없다는 뜻이란 걸. 할 말이 없는 이유는 그만큼 상대에게 마음을 기울이지 않았기 때문이란 걸 말이다. 그러니 나의 질투는 잘못되어도 한참 잘못됐다. 내가 동경하면서도 질투했던 사람들은 단지 몇 마디 의미 없는 '말'로 타인과 간격을 좁히고 건강한 관계를 유지한 게 아니었다. 그들이 건넨 것은 '말'이 아니라 상대를 향한 진심 어린 관심이었다. 알고 싶으니까 스스럼없이 말을 걸고, 친해지고 싶으니까 친근하게 다가간 것이다. 상대 또한 그런 관심과 호의를 고스란히 느꼈기 때문에 그 마음에 응답해준 게 아닐까?

그러니 우리 너무 고민하지 말자. 어떻게 말해야 할지, 어떻게 대화를 시작해야 할지, 어떻게 말을 걸어야 할지 머뭇거려진다면, 먼저 상대를 향해 어떤 '마음'을 보여주고 싶은지 생각해보자. 그리고 이 책을 통해 배운, 마음을 전하기에 적절한 '말'들을 용기를 내어 상대에게 건네보자.

처음 만나는 사람, 어색한 사람을 만날 때마다 마음속에 이 '말'들을 떠올리며 먼저 말을 건네보기 바란다.

유머러스하고 유려한 말솜씨가 없어도 괜찮다. 마음을 담은 말 한마디면 충분하다.

2020년 8월

민혜진

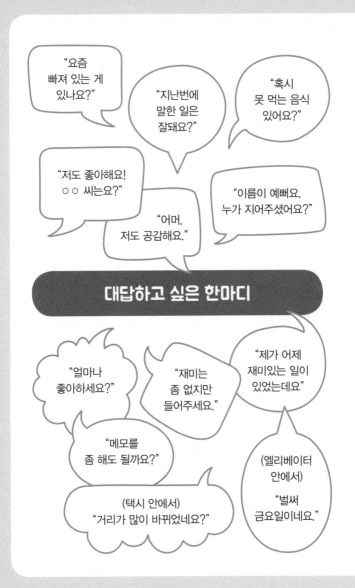

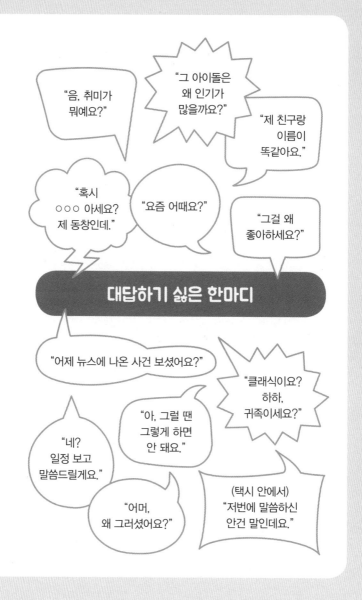

이오타 다쓰나리(五百田達成)

편집자, 광고 플래너, 심리 상담사로 일했던 경험을 살려 현재 커뮤니케이션, 생활 심리, 인간관계 등을 주제로 집필과 강연 활동을 활발히 하고 있는 일본 최고의 대화 전문가. 그런 그에게도 '어서 오세요', '안녕하세요'라는 한마디를 먼저 건네지 못해 쩔쩔매던 시절이 있었다. 사람들과 어떻게 하면 자연스럽게 대화하고, 더 친밀한 관계를 맺을 수 있는지 고민한 끝에 그는 잡담의 목적과 잡담에 알맞은 대화 방식을 새로 정리하기 시작했다. 『한마디 먼저 건넸을 뿐인데(원제: 초잡담력超雜談力)』는 그가 일상 속에서 직접 부딪히며 터득한 잡담 노하우를 집대성한 책이다. 출간 후 반년 만에 5만 부가 판매되면서 큰 인기를 얻었으며 '대화 울렁증이 싹 사라지는 책'이라는 찬사를 받고 있다. 우리나라에 출간된 책으로는 『이럴 땐 도대체 뭐라고 말해야 하나요?』, 『말투 때문에 말투 덕분에』 등이 있으며, 그가 출간한 책은 총 누적 판매 부수 70만 부를 달성했다.

민혜진

한때는 인세로 밥 먹고 사는 글쟁이의 삶을 꿈꿨지만, '박제가 되어버린 천재를 아시오?'로 시작하는 이상적인 소설을 읽고 일찌감치 포기했다. 글 쓰는 재주가 없으니 글을 다루는 일로 눈을 돌렸고 다행히 편집자로 밥벌이하며 지내다가 예상치 못한 인생의 변곡점을 맞이한다. 읽고 쓰고 글 다듬는 일을 한 덕분에 이번에는 운 좋게 번역 일에 뛰어들게 됐다. 지금은 프로 잡담러로 거듭나기 위해 1일 1잡담을 실천하고 있다. 잡담은 말이 아니라 마음을 주고받는 것이라는 점을 알게 해준 『한마디 먼저 건넸을 뿐인데』가 첫 번째 번역서이다.

1판 1쇄 발행 | 2020년 9월 28일
1판 3쇄 발행 | 2020년 11월 15일

지은이 | 이오타 다쓰나리
옮긴이 | 민혜진
발행인 | 김태웅
기획편집 | 박지호, 이주영
외부기획 | 민혜진
디자인 | design PIN
마케팅 총괄 | 나재승
마케팅 | 서재욱, 김귀찬, 오승수, 조경현, 김성준
온라인 마케팅 | 김철영, 임은희, 김지식
인터넷 관리 | 김상규
제　작 | 현대순
총　무 | 안서현, 최여진, 강아담, 김소명
관　리 | 김훈희, 이국희, 김승훈, 최국호

발행처 | (주)동양북스
등　록 | 제2014-000055호
주　소 | 서울시 마포구 동교로22길 14 (04030)
구입 문의 | 전화 (02)337-1737 팩스 (02)334-6624
내용 문의 | 전화 (02)337-1739 이메일 dymg98@naver.com

ISBN 979-11-5768-655-1 03190

이 도서의 국립중앙도서관 출판예정도서목록(CIP)은
서지정보유통지원시스템 홈페이지(http://seoji.nl.go.kr)와
국가자료종합목록 구축시스템(http://kolis-net.nl.go.kr)에서 이용하실 수 있습니다.
(CIP제어번호: CIP2020037142)